여론 조사의 비밀

여론조사의 비밀

우리의 일상을 조종하는 보이지 않는 권력자, 여론조사의 모든것

유우종 지음

궁리
KungRee

이 책은 놀라운 여론조사,
특히 정치여론조사의 세계로 당신을 인도할 것이다.

Welcome to Amazing Polland!

오늘도 당신의 삶은
여론조사의 영향 아래 있다

세상에서 여론조사가 사람들의 의견과 생각을 파악하는 유용한 도구로 자리잡은 지 반세기가 채 되지 않았다. 하지만, 여론조사(poll)는 우리 생활 구석구석에 파고들고 있다. 마치 한치의 빈틈도 없이 우리 주변을 채우는 공기처럼 말이다. 우리가 아침마다 먹는 간단한 음식도 개인들의 의견을 조사하여 만들어진 여론조사의 결과에 따라 그 생산량이 조절된다. 식후에 마시는 커피 한 잔의 맛도 사람들의 선호도를 분석한 조사의 결과이다. 조간신문의 정치면뿐만 아니라 종종 헤드라인까지 차지하는 후보 지지도 결과도 여론조사의 산물이다. 혹시 당신도 어제 이 조사를 위한 전화를 받았다면, 그리고 끝까지 잘 답해주었다면 그 결과의 0.1%는 당신 것이다.

당신이 일하는 회사도 상품이나 서비스에 대한 여론조사를 늘 염두에 두고 있을 것이다. 그리고 그에 따라 당신의 업무량이 달라지기도 한다. 당신의 자리가 위태로워질 수도 있으며 다른 부서로 발령을 받아야 할지도 모른다. 물론 결과가 좋으면 승진도 하고 성과급도 많이 받는다.

어떤 영역에 있든지 당신의 회사는 정부 정책의 영향을 받는다. 당신 개인의 삶도 마찬가지이다. 정부의 정책은 여러 여론조사의 결과일 경우가 많다. 정부 각 부처와 수백 개의 공직 유관단체는 끊임없이 각종 여론조사를 실시한다. 각종 의식조사, 정부 서비스 만족도 조사, 전문가 조사 등의 이름으로 당신의 운명을 결정할 여론조사가 지금도 어딘가에서 실시되고 있다. 그리고 결정적으로 정부의 정책은 누가 지도자로 당선되는가 혹은 어느 정당이 집권하느냐에 의해 결정된다. 어느 정당에서 누가 대선후보로 나서는가가 여론조사로 결정될 뿐 아니라, 정당 간의 후보 단일화도 여론조사를 통해 이루어진다. 사람들이 누구를 찍을지도 직·간접적으로 조사결과의 영향을 받는다.

여론조사가 언제나 우리 주변에서 생활의 안팎을 채울 뿐 아니라, 현재의 안위와 미래의 복지까지 결정하는 까닭은 무엇일까? 그리고 앞으로는 어떻게 될까? 그리고 도대체 여론조사는 믿을 만한 것일까? 어떤 과정을 통해 조사결과가 나올까? 이 책에서는 그런 의문들에 대한 답을 제시하려 한다.

여행을 시작하며

여론조사라는 낯선 세계로의 여행을 통해 현재의 여론조사라는 현상의 내부를 들여다보며 나아가 그와 관련된 미래를 예측해보는 것은 재미있는 여정이 될 것이다.

여행을 떠나기 전에 필요한 몇 가지 사항을 정리하자. 첫째, 여론조사의 가장 기본이 되는 영역은 정치임을 알아두어야 한다. 둘째는 현재 정치여론조사의 기본 방법은 전화를 이용한 조사라는 것이다. 따라서 이 책은 이런 점을 전제로 해 여론조사를 설명하고 있다. 그리고 이 여정에 필요한 준비물은 바로 이 책이다. 물론 이 책을 읽다가 흥미가 생기면 여러 다른 글들도 찾아볼 수 있다. 신문기사를 찾아본다든가 언론에서 발표된 조사결과를 알아본다든가 하는 등이다. 하지만, 반드시 필요한 것은 아니며, 설명에 필요한 대부분은 이 책에 정리되어 있다.

우리는 먼저 과거로 갈 것이고, 현재에 이르러서는 여론조사의 내부 진행과정과 우리가 매일 접하는 바깥 현상을 알아볼 것이다. 그리고 미래에 이르러 앞으로 어떤 일이 일어날지를 보게 될 것이다.

이제 이 책의 첫 번째 부분으로 들어가 여론조사란 익숙하면서도 낯선 세상이 어떻게 우리 주변에 필연적으로 존재하게 되었는지 살펴보자.

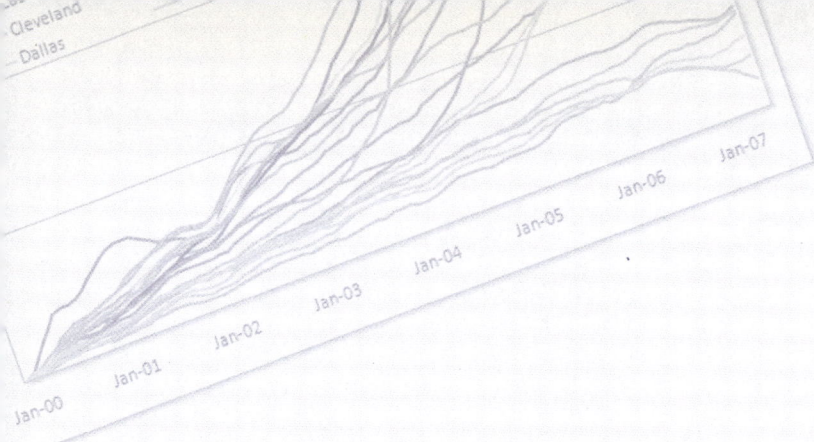

1

여론조사는
어떻게 생겨났을까?

우리가 여론조사를 신뢰하는 기본적인 이유는 여론조사가 객관성과 과학성을 바탕으로 하기 때문일 것이다. 여론조사에는 사회과학의 모든 지식이 집약되어 있다. 질문을 구성하는 과정에는 심리학과 어문학이, 누구를 조사할 것인가를 결정하는 것과 그 결과를 모아 처리하는 방법에는 엄밀한 논리와 수리적 방법이 동원된다. 통계학은 그 과정의 가장 기본이 되는 학문이다. 그리고 여론조사가 실시되는 각 분야의 지식이 필요하다. 정책에 대한 조사라면 정책에 관한 지식이, 과학에 대한 조사라면 과학 지식이, 정치에 대한 조사라면 정치에 관한 지식이 필요하다. 그리고 이 모든 과정에서 현대사회가 지원할 수 있는 각종 시설과 컴퓨터 하드웨어 및 소프트웨어 프로그램이 동원된다.

그런데 이런 여론조사가 인간의 두려움과 종교심에 근거하고 있다면 어떤 느낌이 들겠는가? 절대적 존재를 희구하는 불완전한 인간의 갈망, 그리고 끊임없는 욕구로 인한 인간의 진보는 오늘 우리 삶에 여론조사가 자리를 잡게 된 근본원인이다. 여론조사는 인류사회의 진보 과정에서 나타난 필연이고 따라서 그 앞날도 어느 정도는 예측할 수 있다.

먼저 두 가지만 기억하자. 첫째는 우리 사회가 여러 발전단계를 거쳐서 시장민주주의 시대에 와 있다는 것이고, 여론은 민주사회의 주인 또는 신(神)이라는 점이다. 두 번째는 여론조사가 그 여론의 음성을 받아내는 가장 효과적인 방법이란 점이다.

여론은
민주사회의
신이다

■■ 인간—종교적 동물

완벽한 존재에 대한 갈망

인간은 아주 오래전부터 자신이 불완전한 존재라는 것을 알았다. 원하는 것을 얻지 못하고, 두려운 것을 피하지 못하는 불완전한 존재. 그래서 인류는 언제나 자신보다 훨씬 더 뛰어난 존재를 찾아왔다.

자신보다 월등하고 강한 자. 우리의 무지를 감추어주고 보호해주며, 원하는 것을 가져다줄 그 존재를 우리는 신(神)이라고 불렀다. 이것이 종교의 시작이다.

세 가지 신 – 보이지 않는 신, 보이는 신

인간이 생각한 신은 여러 가지가 있다. 돌이나 나무 등 다소 유치한 자연물로부터 기독교나 이슬람교, 유대교의 신처럼 모든 것의 처음 이자 마지막인 전지전능한 신까지.

하지만, 전지전능한 신은 볼 수도 만질 수도 없다. 볼 수 없는 신 을 보고 만지지 못하는 신을 만져보고자 인류는 나무를 깎고 돌을 다듬어 신을 만들고, 쇠를 녹이고 금과 은을 입혀 신상을 만들었다. 물론 한때는 어리석게도 이런 재료들 자체가 신인 줄 알았다. 하지 만 이 인형들은 심리적인 위안은 될 수 있을지언정 뭔가를 해주지는 못했다.

인류는 성장할수록 좀더 현실적이 되어 뭔가 실제로 자신들에게 도움이 되는 것을 찾기 시작했다. 이때 발견한 것이 '돈'이다.

돈은 기본적으로 매개 역할을 한다. 물물교환의 불편을 덜어주는 유용한 도구이다. 하지만, 곧 '돈'은 모든 것을 가져다주는 모종의 유사전능성(類似全能性)을 갖는 존재가 되어갔다. 왜냐하면 모든 재 화와 서비스를 돈이라는 하나의 개념으로 아우를 수 있게 되었기 때 문이다. 신이 소원을 들어주는 것처럼 돈은 원하는 것들을 가져다준 다. 그리고 돈의 무대인 '시장'의 범위가 전 세계로 넓어짐에 따라 돈 이 가져다줄 수 있는 재화와 서비스는 무한정으로 늘어나게 되었다. 이렇게 돈은 개인에게는 자신이 원하는 모든 것, 즉 집이든, 차든, 아 름다운 배우자든, 심지어는 건강까지도 가져다주는 존재로, 사회 전 체로는 각 개인의 행동을 조절하여 사회에 가장 큰 이익을 가져다주 는 신비로운 존재, '보이지 않는 손'[1]으로 숭배되기 시작했다.

신이란 이름으로 불리지는 않지만 실제 신으로 받들어지는 돈의 숭배자는 의외로 많다. 이 글을 읽는 우리도 어느 정도는 이 종교에 관여하고 있다.

그리고 또 다른 신이 있다. 바로 사람 자신이다. 미약한 인간이지만 노력하고 연습하면 못하던 것을 할 수 있게 된다. 일정 분야를 많이 오래 연습하면 놀랄 만한 기술과 능력을 가지게 되기도 한다. 여기서 더 나아가 수련만 충분히 한다면 인간도 스스로 초월적 존재가 될 수 있다고 믿는 사람들이 생겨났다. 이러한 생각을 가지게 된 사람들은 수양과 명상, 고행을 통해 신이 되고자 했다. 그리고 이들은 나름의 원칙과 방법, 세계관을 발전시켜 종교를 이루었다. 불교, 힌두교 등의 종교가 그러하다. 이외에도 명상과 수련을 통해 초월적 세계로 들어갈 수 있다고 가르치는 유사종교는 수없이 많다.

어떤 이들은 훨씬 손쉬운 방법을 택했다. 특출한 능력을 갖고 있는 다른 사람을 리더로 삼아 숭배하는 것이다. 그들은 지도력과 지혜를 가진 리더에게 복종하면서 안식과 평안을 얻는 대신 리더에게는 권력과 재물을 주었다.

하지만 리더들 역시 인간일 뿐이다. 이들은 자신의 태생적인 인성(人性)을 숨기고 복종과 권위를 유지하기 위해 나름의 방법을 고안했다. 스스로를 신의 자손이라고 하기도 하고, 신으로부터 위임을

---

1 18세기 영국의 경제학자 애덤 스미스가 처음 만든 말로 누가 따로 조절하지 않아도 사람들이 필요로 하는 것을, 그 필요의 양과 욕구의 절실함에 맞추어 생산해내는 자본주의와 시장경제의 효율성을 일컫는 말이다. 즉 더 많은 돈을 벌고자 하는 이기적인 행동이 자동적으로 많이 필요한 것을 많이, 적게 필요한 것을 적게 생산하여 자원과 노력을 효율적으로 사용하게 한다는 의미이다.

받았다고 주장하기도 했다. 심지어는 스스로 신이라고 부르는 자들도 있었다. 그리고 위엄과 권위를 가장하기 위하여 화려한 의상과 웅장한 건물을 지었다. 고대와 중세의 전제왕권은 대개 이런 형태를 띠며 드물게는 현대에도 간혹 비슷한 경우를 발견할 수 있다.

이런 종교의 문제는 일단 리더가 세워지면 쉽게 바꿀 수 없다는 것이다. 권력과 재물을 가진 인신(人神)이 그것을 쉽게 내놓을리 없다. 결국 리더를 바꾸기 위해서는 피를 부르는 투쟁이 있어야 했고, 또한 이러한 이유로 이 종교는 참으로 오랜 기간 세상을 지배했다.

한편 개인이 아니라 우리 모두를 신으로 삼는 종교가 근래에 나타났다. 집단이 힘을 합하면 각 개인보다 훨씬 많은 일을 할 수 있다. 이러한 집단적 힘과 지혜로 보이지 않는 신의 영역까지 이를 수 있다고 느꼈던 때가 근세이다. 과학적 진보가 신의 역할을 대신하여 인류의 소원을 들어주고 행복을 가져다줄 것이라는 낙관주의가 퍼져갔다. 천체의 운행법칙을 발견하고 자연을 정복하면서 인류의 자신감은 하늘까지 치솟았다. 하지만, 두 차례의 세계대전과 빈곤과 환경 등 풀리지 않는 문제들에 직면하면서 과학과 이성에 근거한 낙관주의는 설 자리를 잃어갔다.

집단적 지혜에 근거한 종교, 즉 우리 모두의 합(合)을 신으로 하는 종교는 또 하나 있다. 대중을 신으로 하는 종교, 민주주의가 그것이다. 지금은 우리에게 너무나도 당연하게 받아들여지지만 민주주의가 세상을 지배한 기간은 아직 한 세기도 되지 않는다.

이 책은 이 새로운 종교에 대한 이야기를 '조사'라는 주제와 함께 풀어간다. '조사'는 뭔가를 알아낸다는 뜻이다. 이러한 조사의 방법과 대상은 여러 가지다. 우리가 보통 여론조사라고 부르는 방법을 이용하는 조사는 정치, 정책, 시장 등의 여러 영역에서 쓰인다. 정치 영역에서 쓰이는 경우 정치여론조사, 정책에 대해서는 공공조사, 시장에 관한 것은 마케팅 조사로 불린다. 이 책은 이중에서도 정치여론조사를 주요 내용으로 한다.

■■ 민주주의―새로운 종교

민주주의의 등장

중세의 경제제도는 봉건제, 정치제도는 전제정이었다. 중세 유럽의 신정(神政)을 빙자한 교황권력과 세계 각국의 거의 유일한 정치체제였던 전제군주정은 오늘날 우리가 흔히 말하는 자유, 평등과는 거리가 먼 개념이다.

이때 나타난 것이 '시장'이다. 시장은 그 주인인 돈과 함께 산업혁명의 기운을 타고 등장하여, 계몽주의의 축복을 받으며 들풀처럼 퍼졌고, 곧 그 영역을 전 세계로 넓혀갔다.

전에는 왕과 귀족들의 하인 노릇만 하던 '돈'과 그 추종자들이 이제 스스로 권력을 탐하기 시작하면서 내세운 사상이 바로 '자유'다. 즉 돈을 자유롭게 숭배하게 해다오, 세금이란 명목으로 힘들게 번 돈을 빼앗아가지 말아라 등이 이들의 요구사항이었다. 규제철폐, 감세 등 사실 요즘과도 큰 차이가 없는 이들의 주장은 당시 민중들의 '빵을 달라'는 요구와 함께 역사상 유례 없는 에너지를 발휘하여 절대권력인 전제정을 무너뜨렸다. 이로써 수천 년에 걸쳐 세상을 지배하던 '남을 섬기는 종교'는 무너지게 되었다.

그 후 '돈'의 주장은 자유주의와 자본주의로, '민중'들의 주장은 평등주의와 민주주의로 발전하였다. 시장경제가 먼저 성장하여 민주주의의 길을 닦은 셈이지만 사실 이 두 종교는 완벽한 짝은 아니다. 세상을 평정한 두 세계관의 협력과 갈등은 그 후 세계의 모습을 결정하는 중요한 변수가 되었다.

그 깃발, 세계를 덮다

대중과 함께 전제정을 몰락시킨 돈의 숭배자들은 대중과 정치권력을 나누길 꺼려했지만 커가는 대중의 정치참여 욕구를 진정시키지는 못했다. 결국 몇 차례의 선거법 개정을 통해 20세기 전반에는 모든 성인남녀에게 선거권이 부여되었다. 따라서 '국민'의 선거를 통해 구성된 국가가 정치세계를 장악하게 되었다.

사실 자본주의의 영역은 경제이기 때문에 경제적 부와 사회적 존경을 누릴 수만 있다면 돈의 추종자들은 만족한다. 문제는 전제정치 시대처럼, 국가가 자본의 영역을 부당히 침해할 때 나타난다고 자본의 추종자들은 생각해왔다.

그리고 그러한 문제가 20세기 전반부터 다시 나타나기 시작했다. 자본주의의 교리였던 '보이지 않는 손'이 제대로 작동하지 않게 된 것이 그 발단이었다. 20세기 전반에 닥친 대공황은 미국뿐 아니라 유럽 및 전 세계로 퍼져나가 사람들의 사고방식을 바꾸어놓았다.

'빵을 달라'고 외친 지 100년이 더 지났지만 대중의 생활은 크게 나아지지 않았고, 도시의 실업과 빈곤은 대중의 마음에 다시 분노를 심어놓았다. '보이지 않는 손'이 전능하지 않다는 사실이 드러남에 따라 '보이는' 국가와 정부가 문제를 해결해야 했다. 국가의 시장 개입이 정당화되고 뉴딜정책으로 잘 알려진 케인즈 경제학이 성과를 거두면서 자유주의 경제학을 누르고 주도권을 잡게 되었다. 경쟁시장의 태생적 한계인 경기변동과 불평등을 해결하는 주체로 '국가'가 전면에 등장하기 시작한 것이다.

한편 자본주의의 실패를 호시탐탐 노리는 공산주의의 위협 속에서 시장은 국가와 타협하고 그 지휘를 받아들일 수밖에 없었다. 그래서 시장자유와 민주주의를 함께 지향하는 자유민주주의가 어느 정도 균형을 이루면서 성장하게 되었다.

그 후 제2차 세계대전을 거치면서 미국경제는 비약적으로 발전했고, 서유럽은 부흥했으며 사회주의 정당[2]들이 유럽 여러 나라에서 집권하기 시작했다. 민주적으로 구성된 국가가 시장을 제어하고 평등과 복지라는 개념이 당연하게 받아들여지는 민주주의의 전성기가 도래한 것이다.

국가가 시장을 지배하게 되면 국가가 할 수 있는 일의 범위와 권력은 무한히 확대되는데, 여기서 또 하나의 유사전능성이 출현한다. 즉 무한한 전능성을 가진 국가를 구성하고 통제하는 국민이라는 힘이다. 국민이란 모든 성인남녀, 즉 대중(people)을 의미한다. 따라서 민주주의의 모든 권력은 대중으로부터 나온다.

---

2 동구 공산주의 국가의 정당들이 아닌 서유럽 국가들의 사회민주주의 정당을 말한다. 영국 노동당, 프랑스 사회당, 기타 북유럽 국가들의 좌파 정당들이 여기에 해당한다.

이로써 대중의 의지가 신이 되는 시기, 즉 대중민주주의 시기가 인류 역사상 처음으로 열리게 되었다. 나아가 민주주의는 어느 누구도 부인할 수 없는 절대 명제가 되었고, 심지어는 선과 악을 구분하는 기준이 되기까지 했다. 그래서 '민주' 국가가 그렇지 않은 국가를 침공해도 정당화되는 시대가 되었다. 바야흐로 민주주의의 깃발이 전 세계를 덮는 시대가 열린 것이다.

민주주의라는 이 새로운 종교는 다름 아닌 민(demo), 즉 대중을 섬기는 종교다. 정확히는 민중의 통합된 뜻 '여론'을 섬긴다.

■■ 여론—민주사회의 신

대한민국의 주권은 국민에게 있고, 모든 권력은 국민으로부터 나온다.

– 대한민국 헌법 제1조 2항

국민의 이름으로

정치인들이 가장 자주 하는 말 중 하나가 '국민의 뜻', '국민의 기대에', '국민과의 약속' 등 '국민'이라는 말이다. 이는 권력이 국민으로부터 나오는 민주국가에서는 당연한 말이다.

하지만 정치인들이 실제로 국민의 대리인으로서 국민의 의지를 완벽히 반영하고, 더 나아가서 국민들이 미처 느끼지 못한 부분까지 잘 살피고 있는가?

민주사회에서 국민주권과 국민권력이 실현되기 어려운 이유는 아이러니하게도 민주주의 자체에 내재되어 있다. 바로 '1인 의제'라는

것이다. 다시 말하면 다수의 국민을 마치 한 사람인 듯이 가정한다
는 말이다. 그리고 그 '한 사람'의 뜻을 받들어 국가를 운영한다는
모순된 논리, 이것이 민주주의가 안고 있는 문제다.

따라서 많은 일을 '국민의 이름으로' 하고 있다는 정치인들도 실
제로는 '국민'의 뜻이 무엇인지는 잘 알지 못하는 경우가 많다. 1인
이 아닌 다수 대중, 의견과 생각이 모두 다른 사람들의 의견을 어떻
게 하나로 알 수 있단 말인가? 많은 사람들이 '자신의 뜻'을 '국민
의 뜻'이라고 생각하며 정치를 하게 되는 것도 이런 이유다.

여론의 이름으로

하지만 만약 국민의 뜻을 알 수 있다면? 국민의 뜻을 다른 말로 '여
론'이라고 한다. 그렇게 되면 '자신의 뜻'을 '여론'이라고 언제까지
주장할 수는 없다. 지혜로운 사람이라면 자신의 뜻을 여론이라 강변
하기 전에 여론을 근거로 주장을 펼 것이다. 다음 기사 (뷰스앤뉴스)
를 보자.

—— 박상천 통합민주당 대표도 이날 오전 여의도 중앙당사에서 열린 최고위
원회에서 "오늘 아침 여론조사를 보면 58.6%가 중도 대통합을 지지하고
대통합신당 지지는 18.1%에 그쳤다"며 "이러한 현상은 중도개혁주의 대
통합이 아닌 잡탕식 대통합은 국민들이 지지하지 않는다는 것을 보여준
것"이라고 주장했다.

-2007년 7월 30일, 최병성 기자

한 정당 대표가 여론을 근거로 자신의 의견을 말하고 있다. 이 기사의 예에서와 같이 민주사회일수록 정치인은 '여론의 이름'으로 말하게 된다. 그렇다면 여론은 과연 어떻게 알 수 있을까? 앞의 기사를 좀더 자세히 보자. 이 정치인은 숫자를 제시하고 있다. 바로 '여론조사'의 결과이다. 현존하는 여론파악방법 중 가장 효과적인 것이 바로 여론조사다.

다음은 한 정당에서 낸 논평[ii]이다. 주장의 앞부분에 역시 여론조사 결과를 내고 있다.

—— 각종 여론조사 결과 남북정상회담 성과에 대해 70% 안팎의 국민 지지율
이 나오고 있다. 특히 이번 정상회담에서 구체화된 남북경제공동체 청사
진에 대한 기대가 큰 것이라고 한다. 이제 우리는 국민과 정부, 국회가 한
마음이 되어 어렵게 합의한 경제협력에 대한 후속 조처를 치밀하게 진행
해 나가야 할 시점이다.

이제 여론조사가 왜 여론을 파악하는 데 가장 유용한 도구가 될 수밖에 없는지, 그리고 여론조사란 구체적으로 무엇이며 어떻게 진행하는지 살펴보자.

여론조사로
신의 뜻을
알아내다

■■ 민주주의의 딜레마

이미 말했던 것처럼 '국민'은 단수로 들릴지 모르지만 실제로는 복
수이다. 따라서 '국민의 뜻'은 논리적으로 성립할 수 없는 개념이
다. 1인 의제, 즉 다수를 한 사람으로 가정하기 때문에 나타나는 모
순이 민주주의의 태생적 문제이다. 이는 민주주의가 이전의 전제정
내지 신정(神政, 실제로는 신을 가장한 전제정)에서의 1인 전제군주를
다수 대중으로 치환한 형태였기에 피할 수 없는 것이었다. 이러한
딜레마는 권력이 분산된 정치체제라면 어디에서든 일어날 수 있는
일이다. 하지만, 민주주의에서는 이 문제가 극대화된다. 왜냐하면,
민주화될수록, 즉 권력이 대중으로 분산될수록 만장일치의 가능성

은 점점 더 희박해지기 때문이다. 이는 '국민의 뜻'이 만들어지기 어렵다는 의미이기도 하다. 머릿속에 천만 가지 의견을 가진 한 사람을 생각해보라. 스스로의 생각을 잘 정리해내지 못한다면 그는 정신분열 증상을 보이게 될 것이다.

따라서 이런 딜레마를 해결하지 못할 때는 국가가 혼란에 빠질 수도 있고 민주주의가 퇴보하기도 한다. 혼란을 틈타 군부가 정권을 가로채기도 하고, 나약함에 지친 대중이 자신의 권력을 카리스마를 가진 개인에게 위임하기도 한다. 제1차 세계대전 후의 바이마르 공화국이 혼란을 극복하지 못하여 결국 히틀러와 나치에게 정권이 넘어간 것이 한 예이다.

이는 종교적 동물인 인간의 모습을 생각할 때 당연한 일이다. 대중이 자신을 더 이상 믿지 못할 때 대중의 힘과 지혜에 바탕을 두는 민주주의와 여론도 믿을 만한 것이 되지 못하기 때문이다.

바이마르 공화국은 선거라는 민주적 절차를 거쳐 민주주의가 독재로 넘어간 특이한 경우이다. 하지만, 민주주의에 대한 대중의 확신이 흔들릴 때 독재정부가 등장할 가능성은 절차에 상관없이 이미 존재한다.

■■ **불완전한 해결**

따라서 어느 정치체제에서든지 일찌감치 '다수결'이란 제도를 만들어서 전체의 뜻을 정했다. 이는 '다수의 의견'을 '전체의 뜻'으로 가정하는 방법이다.

따라서 '다수의 의견'을 알아내기 위한 방법이 필요하게 되었고 이를 위해 투표가 고안되었다. 투표는 모든 의사결정의 주체가 모여서 자신의 의견을 한 표로 집약하여 던지는 것으로, 민주주의의 필수 절차가 되었다.

투표는 대단한 발견이지만 민주주의의 완벽한 도구로 사용되기에는 문제가 있다. 투표는 그 본질상 참여자가 늘어날수록 더 많은 시간과 비용이 소요된다. 하지만, 민주주의는 그 본질상 참여자가 늘어나야 한다. 두 명제를 합하면 민주주의가 발전할수록 민주주의 도구인 투표는 어려워진다. 민주주의를 실현하기 위한 비용은 민주주의가 성장할수록 커진다. 이 문제를 해결하지 못하면 민주주의는 사회가 감당하기에 너무 버거운 장치가 되어버릴 수도 있다.

더구나 일부 통제되지 못한 군중이 보여준 무절제한 행동들은 민주주의의 명예를 손상시키기에 충분했다. 대중이 지적 능력과 도덕적 미덕을 갖추지 못하면 그 사회는 '변덕스럽고 무능한' 정부를 생산할 가능성이 크다.

여기서 등장한 것이 간접민주주의, 즉 대의제 민주주의다. 사안마다 전체 국민이 투표하는 것이 아니라, 미리 뽑힌 소수의 사람이 모여서 결정하고 그 결정권을 가진 '소수'를 전체가 투표로 뽑는 방법이다. 이렇게 하면 민주주의의 달성과 그 비용문제를 함께 해결할 수 있다. 이렇게 대중에게는 대표 선출권을 주고 주요 의사결정은 대표들이 하는 것이 대의제 민주주의이다.

하지만 이 참신한 아이디어에도 여전히 문제는 남아 있다. 능력과 도덕성을 겸비한 대표들이 등장하여 국민의 행복만을 위해 헌신적으로 일할 것이라는 바람은 매우 비현실적인 기대다. 대리인이 언제나 주인의 이익에 따라서만 행동하리라고 기대할 수 없기 때문이다. 이러한 도덕적 해이가 간접민주주의에 항상 내재하고 있다. 대표가 자신의 의지와 선호를 '국민의 뜻'이라고 주장해도 다음 선거 때까지는 이를 검증할 방법이 없다.

하지만 언론이 발전하고 국민의 교육수준이 높아지면서 대중은 마침내 그들의 대표자들이 자신들보다 우월한 지식과 지혜를 갖추고 있지 않다는 것을 알게 되었다. 더구나 때때로 이들 대표들의 도덕성 역시 한심할 정도의 수준으로 비쳐지기도 했다. 마치 예전의 전제군주가 전능하지 않았던 것처럼 대표들 역시 그들을 뽑은 일반 대중과 별 차이가 없다는 것이 알려진 것이다.

직접민주주의의 '변덕스럽고 무능한 정부'가 간접민주주의의 '뻔뻔스럽고 무례한 정부'로 바뀐 것이다. 그래서 대중은 자신의 요구를 좀더 자주 표시할 기회를 얻고자 했고 그 결과로 시위문화가 자리 잡았다. 그러나 몇 사람의 시위는 몇 사람의 주장으로만 남을 뿐이다. 전체 국민의 의사를 묻는 투표는 아직 너무 거추장스럽고 많은 비용과 시간이 소요되는 '무거운 갑옷'으로 남아 있다. 이를 너무 자주 입다간 누구나 질식할 것이다. 사람들은 전체의 의견을 확인하고 이를 표현할 방법을 원했다.

한편 대표자들은 자신들이 다음 선거에서도 당선될 수 있을지, 그리고 당선되려면 어떻게 해야 하는지, 더 많은 지지를 얻으려면 어떤 일을 해야 하는지를 알고 싶어했다.

국민과 대표 모두 새로운 방법을 원했다. 적어도 새로운 방법이 나타나기만 한다면 모두 환호할 것이었다.

이에 여론조사가 등장했다. 처음에는 흥미 위주의 모의투표로 시작했던 것이 어느덧 여론을 알게 하고 미래를 예측하며, 국민을 위한 정치를 하게 하는 효과적인 도구로 자리 잡았다. 적은 비용으로 빠르고 정확한 결과를 내는 이 새로운 방법은 모두에게 환영을 받았다.

그렇다면 이것이 어떻게 가능할까? '표본추출'이라는 방법이 정립되었을 때 비로소 과학적인 여론조사가 가능해졌다.

■■ 여론조사의 탄생

표본추출의 마법

표본추출을 인류가 좀더 미리 알았더라면 역사는 달라졌을 수도 있다. 그 중요성과 긴요함은 이루 말할 수 없지만 이것이 여론조사에 쓰이기 시작한 지는 한 세기도 채 되지 않는다.

언제부터인가 사람들은 일부만 보고도 전체를 알 수 있다는 것을 알게 되었다. 한 사람과 조금만 이야기해보아도 그 사람의 면면을 짐작할 수 있고, 국은 한 순갈만 맛보아도 그 맛을 알 수 있는 것처럼 일부의 의견만을 살펴보아도 전체의 의중을 가늠하는 것이 가능하다는 것을 알게 되었다.

이렇게 조사할 일부의 사람을 표본, 표본을 뽑는 것을 표본추출이라고 한다. 그리고 이런 표본추출을 이용한 조사가 표본조사이다. 여론조사는 이런 표본추출의 방법을 이용하여 전체 국민 또는 유권자의 의견을 가늠해내는 것이다. 뽑힌 일부가 전체의 축소판이라면 그 일부를 다시 확대해서 전체를 알 수 있지 않겠는가?

　이러한 표본추출을 이용하면 1만 명 중 1명만 조사해도 전체의 의견을 알 수 있다. 즉 수천만 국민의 의견을 1,000명 정도의 표본만으로 알아낼 수 있다. 우리나라뿐 아니라 인구가 우리나라보다 훨씬 많은 미국 같은 나라에서도 마찬가지다.

　하지만 그 일부가 전체와 다른 의견을 가진 사람으로만 구성되어 있다면 전체의 생각과는 전혀 다른 결과가 나올 수 있다. 이것이 일부를 가지고 전체를 가늠하고자 할 때 생길 수 있는 함정이다. 하지만, 이것만 막을 수 있다면 여론조사는 '국민'이라는 존재가 쉽게 자신의 생각을 표현하게 하는 매우 긴요하고도 신비로운 방법이 될 것이다.

　마치 국을 맛보기 전에 잘 섞어야 하는 것처럼 전체의 의견을 잘 조사하려면 편중되지 않게 표본을 뽑아야 한다. 이 과정이 제대로 이루어지지 않는다면 그 여론조사 결과는 전체의 의견을 제대로 반영하지 못하게 된다.

　그렇다면, 어떻게 하면 고르게 뽑을 수 있을까? 즉 어떻게 표본을 추출(선정)해야 할까?

표본조사의 방법과 실제

:: 무작위표출(random sampling)

표본추출방법에는 여러 가지가 있다. 그 중 가장 단순하고도 기본이 되는 방법이 무작위표출이다.

　무작위라는 것은 문자적으로는 아무 의도 없이, 인간의 그 어떤

저의도 개입되지 않게 표본추출이 진행되는 것을 말한다. 무작위표출은 '아무렇게나' 뽑는 것과는 다르다. 나름의 객관적 방법을 동원하여 각 사람이 뽑힐 확률이 같도록 한 다음 누구를 조사할지를 뽑는 것이다. 즉 내가 뽑힐 확률이 1만 분의 1이라면 옆집 사람도 1만 분의 1이어야 한다는 말이다.

예를 들어보자. 무작위표출의 가장 쉬운 예는 동전 던지기, 주사위 그리고 제비뽑기 등이다. 동전 던지기가 축구에서 먼저 공격할 팀을 고르는 데 쓰이는 이유는 앞면과 뒷면이 뽑힐 확률이 각각 반반으로 같기 때문이다. 그래야 공평하다. 주사위는 각 면이 나올 확률이 6분의 1로 같다.

제비뽑기도 마찬가지이다. 한 반에서 3명을 뽑아 과제를 주기로 했다고 하자. 이때 선생님이 먼저 눈에 띄는 학생을 지목한다면 뽑힌 학생들은 공정하지 못하다고 불평할 수도 있다. 이는 무작위표출이 아니다. 따라서 1번부터 30번까지 모든 학생의 이름이 적힌 쪽지를 만들어 통에 넣고 뽑는다. 이러면 어떤 학생도 뽑힐 확률이 같다. 30명 중 3명, 즉 10%이다.

그런데 여기서 당연하지만 주목할 만한 사실이 있다. 학생들의 이름을 알아야 제비뽑기가 의미 있다는 점이다. 즉 학급 학생이 모두 몇 명인지는 물론 그들이 누구인지를 알아야 한다는 이야기이다. 다른 말로 하면 그 반 모든 학생들의 리스트가 있어야 한다는 것이다. 한 반이 30명이라고 해서 단순히 숫자 3개를 뽑는 것은 아무 의미가 없다.

이처럼 여론조사를 하려면 전체 조사대상의 리스트가 있어야 한다. 이 리스트를 조사용어로는 '표본추출 프레임'이라고 한다.

마을 사람들의 의견을 조사하려면 그 사람들의 리스트가 있어야 한다. 한 학교에서 학생 몇 명을 무작위로 뽑으려면 학생들의 리스트가 있어야 한다. 여기까지는 좋다. 하지만, 전 국민을 조사하려면 전 국민의 리스트가 필요하다는 결론에 이르면 당혹스럽지 않을 수 없다.

그리고 또 하나, 이는 이론상의 문제가 아니라 실제상의 문제인데, 앞서 한 반에서 3명을 뽑는 경우를 보자. 학생 3명을 뽑은 후에는 그 학생들이 어디에 있는지를 알아야 부탁을 할 수 있다. 즉 연락처를 알아야 한다. 만약 전국조사라면 전 국민의 이름뿐 아니라 그들의 연락처를 알아야 한다는 말이다. 따라서 여론조사에서 필요한 리스트는 이름뿐만 아니라, 이름과 연락처가 함께 있는 리스트여야 한다. 여기에 이르면 무작위표출이 얼마나 어려운 일인지 짐작할 수 있다.

이러한 사실은 표본추출의 정확성을 논의하는 데 상당히 중요하다. 이제 이를 염두에 두고 다른 표본추출방법들을 알아보자.

:: 임의표출(convenience sampling)

사실 이것은 과학적인 표본추출방법이 아니다. 편리한 대로 아무나 붙잡고 물어본다는 것이다. 아까 한 반에서 3명을 뽑는 경우 선생님이 아무나 눈에 먼저 띄는 학생들에게 과제를 부탁하는 것이 그 예이다. 어떤 조사기관이 일부러 이런 식으로 조사를 진행한다면 비난받아 마땅하지만 실제에서는 종종 어쩔 수 없이 이런 식의 조사가 이루어지기도 한다. 많은 사람이 조사를 거부하게 되면 아무리 좋은 계획을 세워도 이렇게 조사가 진행될 수밖에 없다. 객관적으로 표본을 선정하는 것이 아니고, 쉽게 찾을 수 있고 조사에 응해주겠다는 사람을 조사하게 된다. 무작위표출과 임의표출은 서로 대립되는 개념으로 이해하면 쉽다.

:: 계통표출 (systematic sampling)

이 방법은 열 번째 사람마다 물어본다든지 스무 번째 사람마다 물어본다든지 하는 것이다. 영화 관람객의 의견을 조사하려 할 때 출구에서 기다리면서 나오는 사람의 숫자를 세어 열 번째 사람마다 물어보는 것이 한 예다. 사실 많은 경우에 실제 사용할 수 있는 현실적이고도 과학적인 방법이다. 투표결과를 예측하는 출구조사에도 쓰인다.

:: 집락표출 (cluster sampling)

전체가 비슷한 하위집단(집락〔集落〕)들로 구성되어 있을 때 그중 몇 개 집단을 무작위 선정해서 그 선정된 집단의 사람들만 조사하는 것이다. 예컨대 한 동네의 의견을 조사할 때 모든 가구에 물을 수 없으니 몇 가구만 뽑아서 물어보는 방법이 여기에 해당한다. 학교의 경우 대표로 몇 반만 뽑아서 학생들의 의견을 묻는 것이 여기에 해당한다.

이렇게 하면 앞서 말한 리스트의 문제는 많이 가벼워진다. 전체 대상의 리스트가 아닌 뽑힌 집단의 리스트만 있으면 되기 때문이다. 학교의 예를 보면 전교 학생의 리스트가 아닌 뽑힌 반 학생들의 리스트만 있으면 된다.

:: 층화표출 (stratified sampling)

이름은 낯설지만 어려운 개념은 아니다. 전체 집단을 몇 개의 하위 집단(여기서는 이를 '층'이라고 한다)으로 나누고 그 집단마다 표본수를 할당한 후 그 안에서 무작위추출을 하는 것이다. 우리가 많이 쓰는 '서울 거주 20대 남성', 부산 거주 50대 여성' 등이 이러한 하위 집단이다. 하위집단에 표본을 할당할 때 인구비에 따라 하면 '비례' 층화표출이 된다.

즉 '서울 거주 30대 남성'의 인구비가 전체의 3%라고 하면 실제 조사에서도 3%를 조사하는 것이다. 따라서 1,000명을 조사한다면 '서울 거주 30대 남성' 중에서 30명을 무작위로 뽑으면 된다. 주로 성, 연령, 지역 등이 집단을 나누는 기준이 된다. 통계청 인구조사 자료를 통해 각 집단의 인구비를 정확히 알 수 있다.

층화표출을 잘할 수만 있다면 단순 무작위표출보다 더 정확한 결과를 얻을 수 있다. 왜냐하면 무작위표출이라 하더라도 우연히 구성이 한쪽으로 쏠릴 가능성이 있기 때문이다. 윷놀이를 할 때도 도나 모가 유난히 많이 나오는 날이 있지 않은가!

층화표출은 미리 각 집단의 수를 정해놓고 표본을 뽑기 때문에 극단적인 쏠림을 막을 수 있다. 그리고 층화표출의 기본 아이디어는 (사실 이것은 모든 과학적 표본추출의 기본 아이디어이다.) 집단이 동질적일수록 표본수를 줄여도 같은 결과를 얻을 수 있다는 사실에 기초한다. 새로 나온 라면의 맛이 어떤지를 알기 위해 1,000개의 라면을 무작위표출해서 먹어볼 필요는 없다. 하나만 사서 먹어도 그 라면의 맛을 알 수 있다. 이처럼 모든 대상이 완벽히 동질적이면 하나만 조사해도 전체를 알 수 있다.

이와 같이 층화표출은 표본수를 최소로 하여 정확한 결과를 알 수 있게 한다. 왜냐하면 층화표출에서는 비슷한 대상을 모아 하위집단으로 만들기 때문이다(예컨대 대구 거주 60대 남성, 광주 거주 40대 여성 등). 역으로 같은 표본수라면 층화표출은 단순 무작위표출보다 더 정확한 결과를 얻을 수 있다.

하지만 실제 수행하기는 쉽지 않은 방법이다. 하위집단 내에서라고 무작위표출이 쉬운 것은 아니기 때문이다. 따라서 많은 경우 조사의 실제는 다음에 설명하는 비례할당표출이 더 정확할 것이다.

:: 할당표출(quota sampling)
할당표출은 층화표출과 비슷하다. 하위집단(층)을 나누고 그 층마다 뽑을 사람수를 미리 정해 채워가는 것이다. 하위집단마다 뽑을 사람 수를 인구비례로 하면 비례할당표출이 된다. 할당을 정한다는 점에서는 층화표출과 같지만 할당을 채우는 것을 임의로 하는 점에서는 다르다. 즉 층화표출처럼 하위집단을 나누어 표본수를 할당하지만 무작위추출을 하지 않는다.

앞에서 살펴본 바와 같이 무작위표출을 하려면 리스트(표본추출 프레임)가 있어야 한다. 층화표출에서 서울 거주 30대 남성 30명을 조사하려면 서울 거주 30대 남성 전체의 리스트가 있어야 한다. 그러나 그런 리스트를 구하기 어렵고, 구하더라도 이들의 연락처를 모두 알 수는 없다.

그래서 실제 조사에 쓰이는 리스트는 각 개인의 리스트가 아닌 집 전화번호부이다. 그러나 문제는 여기서 그치지 않는다. 왜냐하면 전화를 해도 통화중이거나 부재중으로 연락되지 않는 경우가 많고, 전화를 받더라도 조사를 거부하는 경우도 많기 때문이다. 어느 정도 조사에 응하더라도 조사가 길어지면 도중에 끊어버리기도 한다. 따라서 표본을 '선정' 하는 것이 아니라 조사 '허락' 을 받아 조사하는 것이 현실이다. 따라서 무작위표출 원칙은 상당히 손상된다.

따라서 실제 조사에서는 개인에게 전화하는 것이 아니라 각 가정에 전화를 하여 그 가정에서 전화를 받는 사람 중 조사를 허락하는 사람을 조사한다. 그리고 그 사람들의 성, 연령 등을 물어서 할당을 채워나가는 것이다.

집락표출 같기도 하고(집 전화를 이용해 개인이 아닌 가구를 무작위로 뽑으려 한다는 면에서) 비례할당표출 같기도 한 이 방법이 조사의 실제이며 이러한 방법을 통해 전 국민의 의견을 가늠하게 된다. 단, 휴대전화 보급률이 높아짐에 따라 각 사람의 이름과 성별, 출생년도(나이)와 함께 연락처가 포함된 리스트를 만들 가능성이 높아지고 있다.

어찌 되었든 비록 완벽하진 않더라도 선거로 뽑힌 대표에게 국민의 권한을 위임하는 대신 무작위로 뽑힌 표본에게 국민의 의사를 직접 묻는 것이 가능해졌다. 표본추출의 마법과 이를 응용한 여론조사 덕분이다.

대표 대신 표본, 즉 투표로 선출된 대표자들이 그들만의 장소(의회)에서 한 표를 행사하는 것이 아니라, 무작위로 선택된 보통 사람들이 설문지를 통해 한 표를 행사하는 것이 가능해졌다.

2

여론조사는
어떻게 이루어질까

어릴 적 이런 말을 들어본 적이 있는가? 지금 먹는 쌀 한 톨을 만들기 위해 농부가 얼마나 많은 수고를 하는지 아느냐고. 우리가 먹거나 누리는 것은 무엇이든 여러 단계를 거쳐 만들어진다. 그리고 그 과정에는 여러 사람이 참여한다. 그들의 노력과 성실도에 따라 좋은 것이 나오기도 하고 좀 떨어지는 것이 나오기도 한다.

조사결과도 나름의 과정을 통해 만들어진다. 그리고 그 단계는 서로 긴밀히 연결되어 있으면서도 구분된다. 마치 하나의 식물이 씨앗과 싹, 줄기와 꽃의 과정을 거쳐 열매를 맺는 것처럼 여론조사의 결과도 단계를 거쳐 만들어진다.

여론조사의 과정을 이해하면 우리가 매일 접하는 여론조사의 수치 이면에 무엇이 있는지를 알게 될 것이다. 그리고 여론조사를 의뢰하거나 스스로 해보고자 하는 사람들에겐 더욱 유용할 것이다. 우리는 밥을 단순히 먹기만 하는 것이 아니라 때론 그 맛을 논하고 고르며 주문하기도 하니까 말이다.

의문이라는
씨앗

■■ 조사는 의문에서 시작된다

조사의 시작은 의문(question)이다. '대통령을 지지하는 사람은 몇
%나 될까?', '누가 다음 대통령이 될까?', '과연 나는 다음 국회의
원 선거에서 당선될 수 있을까?' 등의 의문이 조사의 시작이다. 조
사를 의뢰하는 사람은 이런 의문을 갖고 조사기관을 찾는다. 조사의
씨앗은 '의문'이다. 따라서 조사회사 관계자는 의뢰인에게 무엇을
알고 싶은지를 제일 먼저 묻게 된다. 물론 조사의 필요성을 인식하
는 의뢰인이라도 구체적으로 무엇을 알고 싶은지, 혹은 무엇을 알아
야 하는지에 대해 명확한 의견이 없을 수 있다. 이 경우 의뢰인은 조
사기관 관계자와 이야기를 나누면서 조사할 사항을 결정하기도 한

다. 그들은 이미 비슷한 의견을 가진 사람들을 많이 대해왔기 때문이다.

그리고 모든 것엔 대가가 따른다. 주권자인 '국민' 또는 '유권자'의 의사를 알아내는 데 비용이 들지 않을 수 없다. 선거의 막대한 비용에 비해서는 정말 적은 액수지만 개인이 부담하기엔 적지 않은 비용일 수도 있다. 전화조사의 경우 현재 시장가격은 표본당 1만 원 정도이다. 즉 1,000명을 조사한다면 1,000만 원, 700명을 조사한다면 700만 원 정도의 비용이 든다. 비용은 회사의 지명도에 따라 더 커질 수도, 작아질 수도 있으며 구체적으로는 의뢰인과 조사회사와의 계약으로 정해진다.

하지만 언론사가 의뢰하는 조사는 이보다 상당히 낮은 가격에 맡기도 하는데, 이는 언론을 통해 발휘되는 홍보효과 때문이다. 조사회사가 따로 신문이나 TV에 광고를 하는 경우는 흔치 않다.

■■ 조사를 이끌어가는 사람들

조사의 시작단계는 주로 의뢰인, 매개인, 그리고 담당 연구원, 이 세 사람의 커뮤니케이션을 통해 이루어진다. 먼저 의문을 갖고 뭔가를 알고 싶어하는 사람이 있다. 이를 의뢰인이라고 부르자. 정치사회 여론조사의 의뢰인은 주로 언론, 정부, 정당, 선거출마 후보, 시민단체와 각종 사회단체 등이다.

그리고 의뢰인이 처음 접촉하게 되는 사람을 매개인이라고 하자. 의뢰인과 조사팀을 연결해주는 사람이라는 의미이다. 이들은 단순히 문의전화를 받는 비서나 부서직원일 수도 있고, 적극적으로 여러 경로를 통해 의뢰인과 접촉해 조사 프로젝트를 따오는 조사회사 임원이나 대표일 수도 있다.

거대 정당의 경선조사 등 큰 조사의 경우 개인적인 접촉보다는 제안서를 써서 경쟁하게 된다. 제안서는 문자적으로는 조사제안, 즉 조사회사가 조사를 이런 방식으로 해보겠다고 제안하는 문서이지만, 실제로는 의뢰자 측에서 어떤 회사와 계약을 맺을지 심사하기 위한 자료가 된다. 제안서는 조사수행방법 외에도 자신들이 그 조사를 얼마나 잘 수행할 수 있는지, 얼마나 믿음직한 기관인지 등을 알리는 내용으로 채운다.

영업을 담당하는 사람은 그 회사에서 연구원을 거쳐 부서장의 지위까지 오르기도 하고, 때로는 회사가 영업활동을 위해 인맥이 좋거나 제안서를 잘 쓸 만한 인재를 스카우트해오기도 한다. 규모가 큰 회사의 경우 브랜드 네임이나 실적에 의존하지만 중간 규모 이하 회사의 경우 외부 영입자에 의존하는 경우가 종종 있다. 내부 승진에 의해서건 외부 영입자건 연구원 출신의 부서장은 제안서를 작성하여 조사를 수주하는 데 많은 노력을 기울인다.

반면 임원급 중 주로 인맥을 통해 활동하는 이들은 당연히 영업대상 분야와 밀접한 관련을 가진 사람들로 조사에 대한 이해는 상대적으로 적은 경우가 많다.

그리고 다양한 사람이 모여 하나의 작업을 이루어내는 조직에는 어디서나 전체를 조율하는 리더가 있다. 사법기관, 의료기관, 오케스트라, 종교조직 등 어디서나 그러한 역할을 하는 사람은 존재한다. 조사 프로젝트의 경우 '연구원'이라는 사람들이 그 역할을 담당한다. 가장 단순히 말하면 실무 책임자라고 할 수 있다. 이들은 조사 전반을 지휘하는 사람으로 PM(Project Manager)이라고도 불리며, 조사의 질을 좌우하는 핵심인력이다.

이들은 의뢰부터 보고까지 조사의 전 과정을 다 파악하고 있는 조사팀 내의 유일한 사람일 뿐 아니라, 스스로 조사과정의 많은 부분을 담당하기도 한다. 또한, 전체 조사의 일정을 조율하는 사람이기도 하다.

대개 연구원 한 명이 한 번에 3~4개의 조사 프로젝트를 맡고 있다. 프로젝트의 진행 여부가 확정되고 담당연구원과 접촉을 하게 되면 본격적으로 조사가 시작된다.

씨앗 심기
—설문을 만들자!

■■ 설문의 미묘한 차이가 정반대의 결과를 가져온다?

당신이 중요한 사람을 인터뷰하기로 되어 있다면 어떤 준비를 하겠는가? 그 사람에게 어떤 질문을 할지 먼저 고민해야 할 것이다. '설문'은 이러한 질문을 가리키고, 설문지는 이런 질문들을 모아놓은 메모이다. 즉 설문지는 의뢰인이 가져온 '의문'들을 조사형식에 맞는 질문들로 정리하여 나름의 순서를 잡아놓은 문서이다.

정치여론조사에서 하나의 설문지는 보통 10개에서 15개 정도의 질문으로 만들어진다.

질문은 누구나 할 수 있다. 하지만, 여론조사에서 설문이 만들어지는 과정은 그리 단순하지 않다. 당신이 '여론' 또는 '국민'이라고 부르는 그 중요한 사람은 일단 당신과 오래 이야기할 만큼 한가하지도 않고 당신이 말을 좀 잘 못하더라도 잘 알아듣고 대답해주지도 않는다. 의외로 정직하고 때론 순진한 면모도 있어 당신이 쓰는 어투나 단어 하나에 따라 대답이 조금씩 달라지기도 한다. 다음의 두 질문을 비교해보자.

> 문 1) 한나라당은 대선 후보들 간의 검증공방에 청와대와 범여권이 개입하는 것이 정치공작이라고 주장하고 있습니다. ○○님은 이러한 한나라당의 주장에 대해 어떻게 생각하십니까?
>
> 문 2) 한나라당은 대선 후보들의 검증에 청와대가 개입해 정치공작을 벌이고 있다고 주장하고 있습니다. ○○님께서는 이런 주장에 공감하십니까, 아니면 공감하지 않으십니까?

두 질문은 같은 질문일까, 다른 질문일까? 이를 생각해보는 것이 귀찮게 여겨진다면 당신은 표준적인 대한민국 국민의 한 사람이다. 하지만, 적어도 비슷한 질문이라는 생각은 할 것이다. 그러나 이 '비슷한' 질문들의 응답결과는 반대였다.

문1)의 경우 '공감한다' 라는 의견이 많았으나, 문2)의 경우에는 오히려 '공감하지 않는다' 라는 답이 더 많았다.

	공감한다.	공감하지 않는다.
질문 1(YTN-글러벌)	47.4	43.8
질문 2(조선-TNS)	37.5	46.5

문1)은 YTN이 글로벌 리서치와 함께 2007년 6월 20일 진행한 조사[iii]에서 쓴 질문이고, 문2)는 조선일보와 TNS 코리아가 2007년 6월 30일 조사[iv]에서 쓴 질문이다.

　같은 사안에 대한 의견을 묻는 두 질문의 응답결과가 다르게 나온 이유는 무엇일까? 조사 날짜가 달라서? 두 조사의 시점은 10일 정도 차이가 난다. 하지만, 그 동안에 이 정도로 응답에 영향을 줄 만한 사건은 없었다. 그렇다면 기관이 달라서? 조사기관이 다르면 질문이 같아도 결과가 다르게 나타나는가? 기관에 따라 상반된 결과가 나와도 상관없다면 아무도 여론조사를 신뢰할 수 없을 것이다.

　조사를 실시한 두 기관은 모두 정치여론조사를 많이 수행해왔기 때문에 조사 자체가 잘못되었다고는 생각하지 않는다. 차이는 설문에 있었다. 두 질문은 얼핏 듣기엔 별로 차이가 없어 보인다. 하지만, 자세히 보면 문1)과 문2)가 풍기는 뉘앙스에는 차이가 있다.

　　문 1) 한나라당은 대선 후보들 간의 검증공방에 청와대와 범여권이 개입하는 것이 정치공작이라고 주장하고 있습니다. ○○님은 이러한 한나라당의 주장에 대해 어떻게 생각하십니까?
　　문 2) 한나라당은 대선 후보들의 검증에 청와대가 개입해 정치공작을 벌이고 있다고 주장하고 있습니다. ○○님께서는 이런 주장에 공감하십니까, 아니면 공감하지 않으십니까?

　문1)은 한나라당 대선 후보들 간의 검증공방에 청와대와 범여권이 개입하고 있다는 것을 기정사실(전제)로 하여 이것이 정치공작인지를 묻고 있다. 즉 남의 제사에 감 놔라 배 놔라 하고 있는데 이것이 부당하지 않으냐고 묻는 것이다.

반면 문2)에서는 '개입해서 정치공작을 벌이고 있다'라는 주장에 대한 공감 여부를 묻고 있다. 즉 개입 여부를 포함한 주장 전부를 질문대상으로 하고 있다. 저 사람이 지금 남의 제사에 감 놔라 배 놔라 하고 있는 것인가, 아닌가를 묻는 것이다. 이것이 양자의 차이이다.

이러한 차이를 의도했는지 그렇지 않은지는 알 수 없지만 결국 두 설문은 같은 사안을 두고 다른 질문을 했고, 그 결과 다른 결과를 만들어냈다. 겉으로는 별 차이가 없어 보였지만 자세히 보니 다른 질문이었다.

개인적으로는 조선일보-TNS코리아의 설문이 더 마음에 든다. 왜냐하면, 청와대 등의 개입 여부 역시 응답자가 판단해야 할 몫이기 때문이다.

그런데 '자세히' 보면 다른 질문이라고 했지만 실제 조사에서 면접원의 질문을 '자세히' 듣는 사람은 드물다. 하지만, 응답자가 설령 인식하지 못하고 있어도 설문의 차이는 그 사람의 응답을 바꾸어 놓는다.

설문의 차이가 결과의 차이를 만든다. 여론이라는 신은 당신이 묻는 질문의 어구에 상당히 민감하다.

■ 설문은 누가 만드는가

설문은 보통 담당연구원이 의뢰인과의 상호작용을 통해 만든다. 너무 당연한가? 그러나 한번 짚고 넘어갈 가치가 있다.

의뢰인은 궁금해하는 내용과 조사하고자 하는 내용을 설명하고, 연구원은 이를 설문으로 만들어준다. 그리고 의뢰인이 이를 다시 검토하여 확정한다. 의뢰인의 '의문'은 정확한 조사결과를 내기에는 아직 정제되고 다듬어지지 않은 상태다. 연구원이 해당 분야에 대한 지식과 의뢰인의 '의문'을 정확히 이해하지 못할 수도 있다. 따라서 양자의 상호작용을 통해 의뢰자의 '의문'에 대한 여론의 정확한 답변을 얻을 수 있는 설문이 만들어진다.

하지만, 의뢰인과 담당연구원이 상호 의사소통을 통해 설문을 만든다는 상식적인 말은 때론 다음과 같은 뜻일 수도 있다.

첫째는 연구원이 무능하면 조사가 정확하게 이루어지지 않는다는 것이다. 연구원의 능력은 단지 개인의 능력뿐 아니라 그 기관의 능력을 의미하기도 한다. 연구원은 그 조사기관에서 채용하여 훈련시키기 때문이다. 좋은 조사기관을 선택하는 것은 역시 중요하다.

둘째는 의뢰인이 여론의 '정확한' 답변이 아닌 '듣기 좋은' 답변을 얻고자 하면 조사결과가 왜곡될 수 있다는 점이다. 특히 여기에 조사의 객관성을 중요하게 여기지 않는 조사회사의 임원이 한몫 거들기라도 하면 상황은 더 안 좋아진다. 이미 회사 내의 분위기 자체도 그렇게 형성되어 있고 연구원 자신도 그런 분위기에 익숙해져 있을 수 있다. 연구원도 결국 실무를 담당하며 위의 지시를 받는 직원이기 때문이다. 이때는 개별 연구원이 아무리 능력과 도덕성을 갖추고 있어도 빛을 발하기 어렵다. 실력은 조사가 객관적으로 진행될 때 나타나고 측정될 수 있는 것이지 그렇지 못할 경우엔 별 의미가 없다.

첫째 경우는 능력의 차원이고, 둘째 경우는 법과 윤리의 문제이다. 조사의 본질과 다른 의도는 특히 이해 대립이 뚜렷한 정치조사에서 심각한 결과를 가져올 수 있다.

■■ 어떤 설문을 만드는 것이 좋은가

한 개의 설문은 질문과 응답으로 구성되어 있다. 응답('보기'라고도 한다)은 사람들의 예상되는 대답을 나열한 것이다.

> 문 1) [이명박 대통령 평가] 선생님께서는 이명박 대통령이 국정운영을 잘하고 있다고 보십니까? 아니면 잘 못하고 있다고 보십니까?
>
>   1. 매우 잘하고 있다.
>   2. 어느 정도 잘하고 있다.
>   3. 별로 잘하고 있지 않다.
>   4. 전혀 잘하고 있지 않다.
>   9. 모름/무응답[3]

여기에서 "선생님께서는 이명박 대통령이 국정운영을 잘하고 있다고 보십니까? 아니면 잘 못하고 있다고 보십니까?"는 질문이고 "1. 매우 잘하고 있다."부터 "4. 전혀 잘하고 있지 않다."까지는 응

---

3 설문조사에서 '모름/무응답'은 대개 9번으로 표기한다.

답이다.

전화조사시 면접원은 전화를 통해 질문을 불러주고 답을 받는다. 이때 응답(보기)도 함께 불러주는 경우가 있고, 질문에 보기가 포함되어 있기 때문에 보기를 따로 불러줄 필요가 없는 경우도 있다.

예컨대 위의 예 "선생님께서는 이명박 대통령이 국정운영을 잘하고 있다고 보십니까? 아니면 잘 못하고 있다고 보십니까?"는 질문 자체에 '잘하고 있다'와 '못하고 있다'라는 응답이 포함되어 있다. 둘 중 하나로 물었으므로 응답자는 '잘하고 있다' 아니면 '못하고 있다'로 대답하면 된다. 따로 1번부터 4번까지의 보기를 불러줄 필요가 없는 질문형식이다. '잘하고 있다'라고 응답한 사람에게는 "그럼 매우 잘하고 있다고 생각하세요? 아니면 어느 정도 잘하고 있다고 생각하세요?"라고 한 번 더 물어주면 된다. '못하고 있다'라고 응답한 사람에게도 마찬가지다.

하지만, 대통령 지지도를, "선생님께서는 이명박 대통령이 국정운영을 얼마나 잘하고 있다고 생각하십니까?"라고 물을 수도 있다. 이 질문은 대답이 질문 안에 포함되어 있지 않다. 따라서 자칫 천차만별로 나타날 수 있는 응답을 정리해주고자 위 질문 바로 다음에 "1번 매우 잘하고 있다, 2번 어느 정도 잘하고 있다, 3번 별로 잘하고 있지 않다, 4번 전혀 잘하고 있지 않다" 등으로 보기를 불러줘야 한다.

대통령의 지지도를 어떤 방식으로 묻는가 하는 데에는 사실 정답이 없다. '지지도'라는 추상적 개념을 수치로 잡아내고자 만든 질문 방식이 다를 뿐이다.

여기에서 몇몇 총명한 독자는 '그럼, 두 질문의 결과는 같은가?' 라고 물을 것이다. 다른 조건이 완벽하게 동일해진 후에 질문방식만 다르게 하여 질문결과를 받으면? 그에 대한 대답은 '같지 않다' 가 될 수밖에 없다. 어구가 다르기 때문이다. 비록 크진 않더라도 조금이나마 차이가 날 것이다. 따라서 위의 두 질문은 모두 '사용 가능' 한 질문임에도 엄밀한 조사자라면 양자의 결과를 단순 비교하는 데 조금 더 신중할 것이다. 예컨대 연초에 대통령 지지도가 첫 번째 질문방식을 택한 A기관의 조사에서 31%가 나왔는데, 6개월 후에 두 번째 질문방식을 택한 B기관에서 36%로 나왔다고 하자. 두 결과의 차이가 표본오차 3.1%p(1,000명 조사 시)를 넘기 때문에 지지율이 5% 상승했다고 할 것인가? 조금 더 신중할 필요가 있다. 가장 좋은 것은 동일기관에서 동일한 설문을 가지고 조사한 결과를 비교하는 것이다.

■■ 당신의 나이는? 출생지는? 소득과 학력은? — SQ와 DQ

여론조사를 받다 보면 이런 당혹스런 질문이 꼭 나온다. 이력서를 내는 것도, 경찰서에 있는 것도 아닌데 모르는 사람이 학력뿐 아니라 소득과 나이, 출신지 등을 전화로 묻는다면 누구나 당혹스럽고 화가 날 수 있다. 하지만 개인적일 수밖에 없는 이런 질문들은 설문에서 빠질 수 없는 요소들이다. 이들을 SQ와 DQ라고 한다. IQ와 EQ라는 말은 어느 정도 알겠는데 SQ와 DQ는 과연 무엇일까?

SQ는 Screening Question, 즉 걸러내기 질문이고, DQ는

Demographic Question으로 인구통계학적 질문이다. 그러면 무엇을 걸러낸다는 것이고 무엇을 통계낸다는 말일까?

SQ는 조사대상이 아닌 사람들을 조사에서 제외하기 위한 질문이다. SQ, 즉 걸러내기 질문의 가장 간단한 예는 연령이다.

> SQ1) [연령] 실례지만, 선생님의 연세는 올해 만으로 어떻게 되십니까?
>
> 만 _____ 세(19세 미만 조사 중단)

투표권자가 아닌 사람은 조사할 필요가 없고 조사해서도 안 된다. 왜냐하면, 여론조사, 특히 선거조사는 투표권이 있는 유권자의 의견을 조사하는 것이기 때문이다. 따라서 19세 미만인 자는 조사에서 제외한다. 정확히는 선거일 당일 19세 미만인 자다. 물론 청소년의 의견을 묻는 조사라면 성인과 어린이가 제외되어야 한다.

조사에 따라 다른 걸러내기 질문이 필요할 수도 있다.

> SQ2) [거주기간] 그렇다면 선생님께서 OO구에 사신 지는 얼마나 되십니까?
>
> (비거주자 조사 중단 및 거주지역(동) 확인)
>
> (1년 이하는 1년으로 표기)
>
> 만_____ 년

단체장(시장, 군수, 구청장)이나 지역구 국회의원 등을 뽑는 선거에서는 다른 지역 주민의 의견은 제외해야 한다. 이 질문은 비거주자를 걸러내기 위한 질문일 뿐 아니라 거주기간에 따른 의견의 차이를 알아볼 수 있게 하는 질문이다.

　DQ는 인구통계학적 질문으로, 성, 지역, 소득, 학력, 직업, 종교 등이 해당한다. 성별, 지역별 인구비에 따른 할당을 맞추기 위한 용도[4]로 쓰일 수도 있고, 이런 질문을 통해서 응답자의 특성(성별, 소득 수준별, 학력별)에 따른 의견차를 알아낼 수도 있다. 특정 정당이나 후보를 지지하는 사람들이 어떤 사람인지도 이런 질문결과를 분석하면 알 수 있다. 예컨대 이 OO 후보를 지지하는 계층은 고학력으로 수도권 거주자에 많다든지 하는 결과를 얻을 수 있다. 따라서 응답자에 대한 정보가 풍부할수록 더 많은 것을 알아낼 수 있다. 하지만, 질문의 수를 무한정 늘릴 수는 없다. 설문의 길이가 길수록 응답자가 지루해하고 따라서 무성의하게 답하기 쉽다. 전화를 도중에 끊어버리는 사람도 많아진다. 따라서 조사에 따라 어떤 질문이 꼭 필요한지 잘 생각해서 선택하는 것이 바람직하다.

　이제 여론조사에서 왜 이런 개인적인 질문을 자주 하는지를 알았을 것이다. 따라서 여론조사를 요청하는 전화를 받았을 때 "나는 여론조사에 응하는 거지 검찰조사를 받고 있는 게 아니라고!"라고 항의하기보다는 좀더 이해심 있는 태도를 보일 수 있을 것이다. 정 답변하기 싫으면 개인적인 질문이라 답하기 곤란하다고 하면 된다. 그러면 그 항목에 대해서만 무응답 처리될 뿐이다.

4　할당에 대해서는 표본추출 설명시 층화표출과 할당표출에 대한 부분에서 설명했다.

■■ 5 | 나도 한번 나가볼까? — 선거 출마자들이 사용하는 질문

유권자들이 원하는 것은?

지역 유권자들이 원하는 것은 지역의 특성에 따라 다르다. 후보들은
이미 어느 정도 지역의 중요한 현안에 대해 알고 있다. 하지만, 다음
과 같은 질문을 통해 좀더 정확한 여론을 알 수 있다.

> 문 2) [지역 현안] 선생님께서는 ○○시에서 가장 중요하게 다루어야 할 문
> 제가 교육, 교통, 주택, 복지문화, 지역경제, 환경 등 중 어떤 것이라
> 고 생각하십니까?
>
> 1. 교육
> 2. 교통
> 3. 주택
> 4. 복지/문화
> 5. 지역경제
> 6. 환경
> 7. 기타(적을 것 :   )
> 9. 모름/무응답

주로 1위는 경제 관련 항목으로 나온다. 그 다음은 지역별로 다르
다. 여기서 나온 결과는 효과적인 정책과 홍보방향을 설정하는 데 도
움을 준다.

유권자들이 원하는 사람은?

지역후보의 경우 결국 내세울 수 있는 것은 경력이다. 총선에서는 언론을 통해 알려진 이미지와 의정활동 역시 큰 역할을 하지만 후보의 지명도가 낮은(물론 광역단체장은 제외하고) 지방선거는 경력이 미치는 영향이 가장 크다.

지역에 따라서 유권자들이 원하는 사람이 다르다면, 자신은 어떤 경력을 강조하는 것이 나을지를 다음 질문을 통해 알 수 있다. 또 자신의 경력과 경쟁후보의 경력 중 어느 것이 지역주민에게 더 호감을 얻을 수 있는지도 가늠해볼 수 있다.

문 1) 차기 OO시장이 될 사람으로는 고위직 공무원, 건설회사 대표, 여당 정치인, 대학교수 등 중 어떤 경력의 소유자가 가장 적합하다고 생각하십니까?

   1. 고위직 공무원

   2. 건설회사 대표

   3. 여당 정치인

   4. 대학교수

   5. 기타(적을 것:)

   9. 모름/무응답

나는 당내 경선을 통과할 수 있을까?

이것을 알고 싶다면 당내 공천 경쟁후보들과 자신을 비교하여 어느 쪽이 더 적합한 후보인지를 물어보는 설문을 쓴다.

문 2) [바람직한 후보-OO당] 이번 4월 국회의원 선거에서 OO당의 후보
로는 경기도 의원인 김OO와 전 파주시장인 박OO 등이 거론되고
있습니다. 이들 중 어떤 사람이 더 바람직한 후보라고 생각하십니
까?

　1. 김OO

　2. 박OO

　3. 기타(적을 것:　　　　　)

　9. 모름/무응답

　위의 결과를 분석함으로써 전체적인 지지도뿐만 아니라 누가 어
떤 사람들에게 지지를 받고 있는지, 혹은 지지를 받지 못하는지를 알
수 있다. 같은 설문 내에 정당 지지도 질문을 포함시키면 정당 지지
자들이 어떤 사람을 지지하는지도 알 수 있다. 이런 질문은 실제 공
천 관련 여론조사에서 쓰이는 설문이므로[5] 공천 모의고사의 성격도
부여할 수 있다.

내가 본 선거에 나가면 당선될 수 있을까?

가상대결 질문을 쓰면 이 질문에 대한 답을 얻을 수 있다. 상대 당의
유력후보들과 자신이 속한 당의 유력후보들을 함께 소개하고 지지
후보를 묻는다.

---

5 '바람직한' 이란 어구 외에도 '경쟁력 있는', '적합한' 등의 표현이 쓰이기도 한다.

문 3) [가상대결] 이번 4월 국회의원 선거에 A당에서 전 김해시장인 김
　　OO, B당에서 경남도의회 의장인 이OO, C당에서 전 김해시 국회
　　의원인 박OO가 출마한다면, 선생님께서는 이중 누구를 지지하시
　　겠습니까?

　　(후보자를 잘 모르는 경우 경력을 포함하여 다시 불러줌)

　　1. 김OO

　　2. 이OO

　　3. 박OO

　　4. 기타(적을 것:　　　　　　　)

　　8. 지지후보 없음

　　9. 모름/무응답

　이런 질문을 해보면 본인의 본선 경쟁력을 가늠할 수 있다. 이러
한 결과는 앞으로 선거운동을 계속할 것인지 아니면 포기할 것인지
를 판단하는 데 참고할 수 있다. 자신이나 다른 후보를 지지하는 이
유를 함께 물어보는 것도 의미 있다.

　가상대결 질문은 문항수가 늘더라도 자신이 속한 정당과 다른 당
들의 유력후보들을 설문 내에 다 포함시키는 것이 안전하다. 자신의
이름을 알리기 위한 홍보용으로 의심받을 수 있기 때문이다.

나는 얼마나 유명한가? – 인지도 질문의 허와 실

유권자들이 자신을 얼마나 알고 있는가는 후보자들의 관심사일 뿐
아니라 중요한 분석자료가 되기도 한다. 또 자신의 인지도를 상대후

보와 비교 분석하여 적절한 홍보방향 등을 알아낼 수도 있다.

가상적인 인지도 질문의 예는 다음과 같다.

문 4) [박○○ 인지도] 선생님께서는 전 익산시의회 의장이며 익산제일대
학 교수인 박○○를 아십니까, 모르십니까?

1. 잘 안다.

2. 어느 정도 안다.

3. 잘 모른다.

4. 전혀 모른다.

9. 모름/무응답

인지도와 지지도(또는 호감도)를 비교함으로써 자신의 인지도가
높아지면 지지율도 높아질 수 있을지 가늠해볼 수 있다. 예를 들면
자신의 인지도는 30%, 지지도는 25%에 불과하지만, 자신을 아는
사람 중 자신을 지지하는 사람이 60%나 된다면 앞으로 자신을 아는
사람이 더 많아지면 지지도도 높아질 수 있지 않을까 하는 기대를
할 수 있다. 또한, 어느 계층에서 인지도가 가장 낮은지 등을 파악
하여 누구를 대상으로 홍보하는 것이 가장 효과가 있는지도 판단할
수 있다.

하지만, 인지도 질문의 결과를 해석할 때 주의해야 할 것이 있다.
먼저 같은 후보를 대상으로 만든 다음의 두 가상질문을 비교해보자.

문 5) [김○○ 인지도] 선생님께서는 전 김해시의회 의장이며 김해시 발전

연구원 원장인 김OO를 아십니까, 모르십니까?

문 5-1) [김OO 인지도] 선생님께서는 전 김해시의회 의장이며 노무현 대
　　　통령 후보 홍보특보를 지낸 김OO를 아십니까, 모르십니까?

　같은 사람인 김OO에 대한 인지도를 이 사람이 갖고 있는 여러 경
력 중 두 가지만을 가지고 물어보았다. 두 질문의 차이는 두 번째 경
력이 다르다는 점이다. 두 질문의 결과는 같을까? 제시된 경력이 어
떻든 같은 사람이기 때문에 결과가 같게 나올까?

　두 질문의 결과는 다르게 나온다. 두 번째 질문인 문 5-1)에서 인
지도가 더 높게 나온다. 즉 더 많은 사람이 김 후보를 '안다' 라고 대
답한다. 이유는 역시 질문에 있다. 두 번째 질문에서는 누구나 아는
'노무현' 이라는 단어가 등장하기 때문에 사람들이 김OO 후보에 대
해 더 익숙하게 느낀다. 그렇다면 사람들은 누구를 안다는 것일까?
김OO인가, 노무현인가? 이것이 인지도 설문의 허점이다.

　또 다른 가상질문을 보자. 서울 영등포구에서 국회의원 선거에
나서려는 유OO 후보는 진해건설이라는 회사의 대표였고, 그 후 영
등포구 구청장을 거쳐 지금은 21세기 발전모임이라는 단체의 회장
을 맡고 있다.

문 6) [유OO 인지도] 선생님께서는 전 영등포구 구청장이며 전 진해건설
　　대표인 유OO를 아십니까, 모르십니까?

문 6-1) [유OO 인지도] 선생님께서는 21세기 발전모임회장이며 전 진해
　　　건설 대표인 유OO를 아십니까, 모르십니까?

마찬가지로 두 질문의 결과도 다르다. 첫 번째 질문에서 박 후보를 안다는 사람이 더 많을 것이다. 그 이유는 경력문구 때문이다. 21세기 발전모임은 모르는 사람들이 많지만, 영등포 주민이라면 '영등포구 구청장'이라는 직함은 너무 익숙하다. 그렇다면, 과연 이 결과가 사실을 잘 반영하고 있을까? 현 구청장 이름도 모르는 사람이 많다. 박 후보의 이름은커녕 언제 구청장을 했는지도 모르는 사람이 대부분일 것이다. 사람들은 그를 아는 것인가, 영등포구를 아는 것인가?

물론 경력을 빼고 단순히 이름만으로 인지도를 물어볼 수도 있다.

문 4) [김OO 인지도] 선생님께서는 김OO를 아십니까, 모르십니까?

하지만, 이름은 기억하지 못해도 그 사람의 직책이나 경력 등으로 그 사람을 기억하는 사람들도 있기 때문에 이름만을 제시하는 것이 더 낫다고는 할 수 없다.

어쨌든 이런 허점이 있는 인지도 질문도 나름 유용하다. 내가 얼마나 사람들에게 익숙한가 혹은 익숙하게 느껴지는가를 알 수 있기 때문이다. 또 어떤 경력을 썼을 때 유권자들에게 더 익숙하게 다가갈 수 있는지도 알 수 있다.

주목할 것은 이러한 경력문구가 인지도뿐 아니라 지지율에도 영향을 미친다는 점이다. 이는 후보들의 지명도가 낮은 선거일수록 더 심하다. 따라서 자신을 설명할 때 어떤 경력을 사용할 것인가는 매우 중요하다.

■ 좋은 설문, 위험한 설문

좋은 설문

좋은 설문은 무엇인가? 공정하고 객관적인 설문이 좋은 질문이다. 공정하고 객관적인 설문은 단순히 윤리적인 문제가 아니다. 신뢰할 수 있는 결과를 원한다면 객관적인 설문을 만들어야 한다. 즉 조사의 정확성에 영향을 미친다. 그리고 때로는 관련된 이들의 안위에도 영향을 준다.

그렇다면 공정하고 객관적인 설문은 어떻게 만들까? 여러 가지 조건이 있지만 몇 가지만 이야기하도록 해보자.

먼저 양자택일형 질문일 경우 긍정과 부정 모두 언급해야 한다. 예를 들면 다음과 같다.

> 문7) 선생님께서는 현 OO 시장이 업무를 잘 수행하고 있다고 보십니까,
>
> 잘못 수행하고 있다고 보십니까?

이의 결과는 긍정적 표현만 언급했을 때, 즉 "선생님께서는 현 OO시장이 업무를 잘 수행하고 있다고 보십니까?"까지만 질문에 포함했을 경우와 결과에 차이가 있다는 것이 일반적인 의견이다.

또 질문은 단순 명료하고 이해하기 쉬워야 한다. 연구원이나 의뢰인은 보통 평균 이상의 학력을 가졌을 뿐만 아니라 해당 분야에 많은 관심과 지식을 가진 경우가 대부분이지만, 일반인들은 그렇지 않다. 학력이 낮거나 나이가 많은 분도 있다. 따라서 최대한 쉬운 표현으로 접근하는 것이 좋다.

또한, 일반인들이 알기 어렵거나 관심이 없는 내용을 질문하면 대답하기가 곤란할뿐더러 대답을 얻어도 별 의미가 없다. 예컨대 누군가가 경제분야 정책을 수립하는 데 도움을 얻고자 다음 질문을 의뢰했다고 하자.

> 문 8) 유럽연합(EU)보다는 중국과의 자유무역협정(FTA) 체결이 경제성장에 미치는 효과가 더 크다는 주장이 있습니다. 선생님께서는 이에 동의하십니까, 동의하지 않으십니까?

답은 나오겠지만 과연 쓸모 있는 대답인지는 확실치 않다. 이런 질문에는 '모른다'라는 대답도 많이 나온다. 왜냐하면 이 질문은 일반 국민을 대상으로 하는 여론조사에 나오는 문구이지만 실제 내용은 전문가 수준의 설문이다. 즉 "교수님께서는 유럽연합과의 자유무역협정이 경제성장에 미치는 영향이 더 크다고 보십니까? 아니면 중국과의 자유무역협정체결이 경제성장에 미치는 영향이 더 크다고 보십니까?"라는 질문과 같다. 전문가 초청 프로그램에서 나오면 좋을 질문이다.

또한, 복잡하거나 많이 생각해야 대답할 수 있는 질문도 피하는 것이 바람직하다. 다음 가상설문의 경우가 그 예이다.

> 선생님의 다음 후보에 대한 호감도를 1부터 100까지의 숫자로 나타낸다면 몇 점이나 되겠습니까?
> 문 2-1) OO군 문화재 보호 대책위원회 위원장인 오OO 후보

（   ）점

문 2-2) OO군 부군수 출신인 진OO 후보

（   ）점

별로 알지도 못하는 사람의 호감도를 점수로 나타내라고 하면 누구나 스트레스를 받는다. 정확한 정보를 알고자 하는 욕구가 오히려 해가 되는 경우가 있다.

설문 내의 질문 수는 어느 정도가 적당할까? 조사의 가격은 보통 설문 길이가 아닌 표본수로 계산되니까 이왕이면 같은 비용을 들여 많은 정보를 알아내는 것이 낫지 않을까?

꼭 그렇지는 않다. 결과의 정확성이 떨어지기 때문이다. 질문이 길어지면 응답자가 쉽게 지친다. 많은 사람이 도중에 포기하고 전화를 끊게 된다. 결국, 시간의 여유가 있고 인내심이 많은 사람만 조사되므로 당연히 정확성이 떨어진다. 전체 유권자 조사가 아니라 전체 유권자 중 '한가하고 인내심 많은' 유권자 조사가 된다. 그리고 조사에 끝까지 응답하는 사람도 집중하기가 어려워진다. 따라서 정확하고 성의 있는 대답을 기대하기는 어렵다. 면접원의 의욕 저하도 보이지 않게 악영향을 미친다. 어느 면접원이 같은 돈을 받고 길고 어려운 설문을 맡고 싶겠는가?

그러면 질문은 모두 몇 개나 넣어야 할까? 정답은 없지만 설문지 내의 총 질문이 20개가 넘으면 전화로 수행하기 어렵다고 보아야 할 것이다. 많은 정보를 알아내고자 하는 욕구도 때론 해가 될 수 있다.

위험한 설문

공정하고 객관적이지 않은 질문은 정확한 결과를 위해서뿐만 아니라 조사 관련자들의 안위를 위해서도 피해야 한다. 부적절한 여론조사는 종종 검찰의 수사대상이 되기도 한다.

먼저 질문 어구는 최대한 공정하게 하는 것이 안전하다. '전문가' 설문의 경우가 한 예이다. '전문가'라는 말은 대부분 후보가 선호하는 명칭이다. 누구나 자신이 '전문가'라고 불리길 원한다. 국제분야 전문가, 도시계획 전문가, 환경 전문가, 행정 전문가 등 경력에 맞게 자신을 전문가라고 홍보할 것이다.

또 사실 '전문가'라는 말을 썼을 때 대부분 그 항목이 1위를 차지한다. 이는 설문이 얼마나 어구에 민감한가를 알게 하는 예일 뿐 아니라 공정해야 하는 이유이기도 하다. 전문가인지 아닌지는 유권자가 판단해야 할 부분이지 이를 설문에 넣어서 특정후보가 전문가라고 미리 정해버리는 것은 공평하지 못하다.

> 문 1) 다음 ○○ 시장이 될 사람으로는 도시계획 전문가, 고위 공무원, 여성 정치인, 영문과 교수 등 중 어떤 경력의 소유자가 가장 적합하다고 생각하십니까?

도시계획 전문가라는 말은 경력이라기보다는 수식어에 가깝다. 건축법인 대표나 ○○시 건설협회장 등의 표현이 나을 것이다. 특히 홍보용이라는 의구심을 받을 가능성이 있다. 또 다른 예를 보자.

문 2) 최초의 여성 대법관이자 공정한 판결로 유명해진 오OO 변호사를
　　　아십니까, 모르십니까?

　'최초의 여성 대법관'은 사실이지만 '공정한 판결로 유명해진'은
주관이 들어간 평가다. 객관적이어야 할 설문에는 어울리지 않는다.
　그리고 사실을 미묘하게 왜곡하는 설문도 있다. 예컨대 국회의원
으로 출마하려는 신OO 후보는 (물론 앞의 오OO처럼 가상인물이다)
이명박 대통령이 대선 후보였을 때 정책보좌관이었다고 하자. 이를
다음과 같은 설문으로 만들면 사실 왜곡이다.

문 3) 선생님께서는 이명박 대통령의 정책보좌관 출신인 신 OO을 아십
　　　니까?

　무엇이 잘못되었는가? 신OO 후보는 '대통령'의 정책보좌관이
아니었다. 과거에 대통령 '후보'의 정책보좌관이었을 뿐이다. 실수
이건 고의이건 사실을 왜곡한 설문이다. 그 외에 전직과 현직을 구
분하지 않아 혼동을 주는 경우도 사실 왜곡의 가능성이 있다.
　또한, 설문에는 가능한 한 모든 경우를 포함해야 한다. 지역의 현
안을 묻는 질문에는 지역에서 중요하다고 여겨지는 것들이 설문 안
에 다 포함되는 것이 바람직하고, 지지 후보를 묻는 경우에도 주요
후보를 문항에서 제외하며 선택의 여지가 없게 하는 설문은 공정하
지 못하다. 당선 가능성이 큰 후보를 가상경쟁에서 배제한 채 많은
표본의 조사를 자주 반복하는 것도 오해의 소지를 불러일으킨다. 이

는 ARS조사[6]에서 흔히 문제가 된다.

예컨대, 국회의원 선거를 앞두고 전 시장인 오OO 씨가 타 여론 조사에서 앞서는 가장 유력한 후보라고 하자. 그런데 설문에서 오 OO 후보의 경력을 제외하고 다음과 같은 설문을 만들면 바람직하지 않다.

> 문 2) 21세기 세계화 시대를 맞아 **다음 중 어떤 사람이** OO시 국회의원으로 가장 적합하다고 보십니까?
>   1. 국제적 감각을 갖춘 **외교관 출신**
>   2. 정당 정치인 출신
>   3. 회사 사장 출신
>   9. 모름/무응답

문항 자체도 주관적인 수식어를 써서 1번에 유리하게 되어 있을 뿐 아니라 오OO 후보의 경력 또한 빠져 있다. 1번 응답을 유도하는 질문이다.

더구나 위의 질문 다음에 다음의 질문이 나오면 문제는 더욱 심각해진다.

> 문 3) 그렇다면 국제화 시대를 맞이하는 OO시의 발전을 위해서는 **다음 중 어느 사람이 가장 적합하다고 생각하십니까?**

---

6 ARS 조사에 대해서는 3장에서 자세하게 설명한다.

1. 외교통상부 ○○국장을 거쳐, ○○국 주재 대사를 지낸 **이○○**

2. ○○당 ○○도당 위원장인 **박○○**

3. ○○주식회사 사장인 **맹○○**

9. 모름/무응답

　역시 유력한 후보인 오○○가 빠져 있을 뿐 아니라 1번 후보에 대해서만 두 가지 경력을 제시한 편향된 문항이다. 역시 1번 응답을 유도하는 질문이다. 검찰 관계자를 자주 만나고 싶지 않다면 이런 질문은 피하는 것이 좋다.

　좋은 설문을 만들기 위해서는 조사의 원래 목적을 벗어나지 않도록 주의하는 것이 가장 중요하다. 조사의 목적은 측정, 즉 여론을 객관적으로 파악하는 것이지 홍보가 아니다. 설문지 역시 홍보지는 아니다.

　완성된 설문지의 예는 다음과 같다.

[○○구청장 선거관련 여론조사] ID ☐☐☐☐

안녕하십니까? 여론조사전문기관 ○○리서치 입니다. ○○구의 여러 현안에 대한 조사를 하고 있습니다. 잠시만 협조해 주시면 감사하겠습니다.

지역 1. ○○동 2. ○○동 3. ○○동 4. ○○동 5. ○○동 6. ○○동 7. ○○동

SQ1) [연령] 실례지만, 선생님의 연세는 올해 만으로 어떻게 되십니까?
　만 _____ 세 19세 미만 조사 중단

SQ2) [성별] 묻지 말고 목소리로 구분.
　1. 남자　1. 여자

SQ3) [거주기간] 그렇다면 선생님께서 ○○구에 사신 지는 얼마나 되십니까?
비거주지 조사 중단 및 거주지역(동)확인
1년 이하는 1년으로 표기
　만 _____ 년

문1) [지역현안] 선생님께서는 ○○구에서 가장 중요하게 다루어져야 할 문제가 교육, 교통, 주택, 복지문화, 지역경제, 환경 등 어떤 것이라고 생각하십니까?
　1. 교육
　2. 교통
　3. 주택

문3) [바람직한 후보-○○당] 5월 31일 지방선거에서 ○○당의 ○○구청장 후보로 현시의원인 방○○과 전구청장인 임○○이 거론되고 있습니다. 이들 중 어떤 사람이 더 바람직한 후보라고 생각하십니까?
　1. 방○○
　2. 임○○
　3. 기타(적을 것: _____)
　9. 모름/무응답

문4) [바람직한 후보-○○당] ○○당에서는 구청장 후보로 전시의원 주○○과 전시의원 이○○이 거론되고 있습니다. 이들 중 어떤 사람이 더 바람직한 후보라고 생각하십니까?
　1. 주○○
　2. 이○○
　3. 기타(적을 것: _____)
　9. 모름/무응답

나무를 보면
열매를 안다
― 실사과정

실사(field work)란 무엇일까? '실제 조사'라는 말로 풀면 더 잘 와 닿을 수도 있겠다.

다시 인터뷰의 예를 들어보자. 당신이 기자라서 중요한 인물을 인터뷰하기로 했다면 우선 질문을 정리하여 하나의 메모로 만들 것이다. 이것이 설문작성 과정이다. 그 다음엔 실제 그 사람을 만나 인터뷰하는 단계, 즉 질문하고 답변을 받아 정리하는 단계에 들어갈 것이다. 조사회사에서는 이 단계를 '실사'라고 부른다. 즉 표본으로 뽑힌 사람들과 접촉하여 질문을 하고 답을 받은 뒤 이를 정리하고 모으는 과정이다. 나무가 튼튼해야 열매도 좋듯이 실사가 잘 이루어져야 그 이후에 나오는 수치도 믿을 수 있다. 따라서 실사는 전체 조사단계 중 '몸통' 이라고 할 수 있다.

■■ 조사, 여론을 만나다

실사과정의 핵심은 면접이다. 면접(interview)이란 면접원이 사람들에게 질문을 하고 대답을 받는 것으로, 실사뿐 아니라 전체 조사과정에서 가장 역동적인 부분이다. 이때 질문을 하는 조사원을 면접원(interviewer), 표본으로 선정되어 조사에 응하는 사람을 응답자(interviewee)라고 한다.

면접에는 다양한 방법이 있지만 여론조사에서 사용되는 면접은 주로 전화면접과 대면면접(face to face interview)이다. 전화면접을 이용한 조사를 전화조사, 대면면접을 이용한 조사를 그냥 면접조사라고 하기도 한다. 1,000명을 조사할 때 전화조사로 걸리는 시간은 하루에서 3일 정도이다. 반면 면접조사에는 2~3주 정도가 필요하다. 비용도 전화조사에 비해 매우 많이 든다. 정치조사에서는 빠르게 응답을 모을 수 있는 전화조사를 주로 이용한다.[7] 이 책에서도 주로 전화조사를 전제로 설명한다.

면접과 그 결과를 정리하는 작업을 포함하는 실사는 조사 그 자체이며 이 실사과정의 중요성은 이루 말할 수 없다. 실사 뒤에 따라오는 과정은 실사에서 모은 내용을 가공하는 것에 불과하다.

---

[7] 단 정치조사에서도 선거결과를 예측하는 출구조사는 투표소에서 나오는 사람들을 대상으로 면접으로 진행한다. 대면면접방식임에도 빠르게 진행할 수 있는 이유는 질문 자체가 간단할뿐더러 면접을 위해 가구별로 찾아다닐 필요가 없이 출구에서 나오는 사람들을 대상으로 바로 물어볼 수 있기 때문이다.

따라서 실사에 대해서 문제가 제기될 경우 전체 조사의 질이 의문시되는 것은 당연하다. 다음의 기사를 보자.

―― 갤럽의 엉뚱한 '가중치' …부실한 '표본추출' 원인

[분석] '칼 겨눈' 도의회 조사위 對 '꼬리빼는' 한국갤럽

'가중치 적용' 이유 있었다… 당초 체결한 '계약서 위반' 확인

'3단 층화무작위 추출' → '층화 비례할당 추출법' 으로 바꿔

[기사 수정. 보완=새벽 1시] 국내 최대 여론조사기관으로 일컫는 한국갤럽이 전문성을 의심받는 이른바 조사의 '신뢰성 과 '공정성' 검증이 도마위에 올랐다. 표본추출방식을 슬쩍 바꾼 사실도 확인됐다.

- 《제주의 소리》, 2007년 6월 14일, 양김진웅 기자

위 기사는 갤럽이 제주도의 의뢰를 받아 실시한 '제주해군기지 건설 관련 주민여론조사' 에 관한 '제주의 소리' 보도˘의 일부이다. 민감한 조사에 갤럽이 자주 동원되는 것은 지명도가 높기 때문이다. "갤럽이 한 조사다"란 말은 그 어떤 논리적 설명보다도 강력한 힘을 발휘한다. 하지만 위의 기사를 보면 조사에 대한 비판이 갤럽의 명성을 압도하는 듯하다.

요지는 조사가 애당초 계획한 대로 이루어지지 않았고, 이를 전산작업으로, 즉 통계 프로그램을 이용해 보정하였다는 것이다. 전산작업인 가중치에 대해서는 다음 장에서 논의하기로 하고 지금은 먼저 실사에 대해 이야기하도록 하자.

■■ 실사실, 여자들의 나라

실사가 이루어지는 곳을 조사회사에서는 실사실이라고 한다. 조사가 시작되는 동안 실사실은 매우 부산한 공간이 된다. 실사실의 주인은 실사실장과 그의 부하직원들인 실사 슈퍼바이저다. 그리고 많은 면접원들이 각자의 자리를 차지하며, 간혹 수거된 응답을 컴퓨터에 입력하는 펀처가 들른다. 실사실의 인력은 회사마다 다르지만 99%가 여성이다.

하지만 실사실의 환경은 여성스러움이나 우아함과는 거리가 멀다. 전화조사의 설문지는 비교적 단순하지만 면접조사의 경우 설문지 하나가 수십 쪽에 달한다. 인쇄소에서 박스로 배달되는 설문지를 옮기고 수많은 면접원들을 감독하는 일을 주로 젊은 여성들이 담당한다. 이 공간에서 나는 때때로 여성들로 이루어진 집단에서만 느낄 수 있는 모종의 규율과 일사불란함을 느끼기도 했다. 물론 실사능력이 뛰어난 회사의 경우다.

이 실사실을 들락거리는 남성이 딱 한 사람 있는데, 각 과정마다 빠지지 않는 인물인 연구원이다. 연구원마저 여성일 경우 실사과정은 99.9% 여성에 의해 이루어진다. 내가 100%란 말을 쓰지 않는 이유는 드물지만 남성 면접원도 있기 때문인데, 대개 젊은 남학생들이다. 그 외 중년 남성은 딱 한 번 본 적이 있다.

이제 실사과정에 참여하는 인물들과 그 역할을 하나하나 알아보자. 연구원은 실사에서 확정된 설문지 등을 실사실에 전달하고 면접원을 교육하고 실사를 감독하는 역할을 한다. 또한 면접원의 질문과 응답자의 항의에 최종적인 답을 제시하고 예기치 못한 상황에서 결정을 하는 사람도 연구원이다. 하지만, 보통 실사실에 일단 넘기고 나면 연구원은 다소 여유를 갖게 된다. 실사 장면의 주요 배우는 실사 슈퍼바이저와 면접원이기 때문이다.

실사 슈퍼바이저는 조사현장에서 면접원들을 지도하고 감독하는 사람들로 그들의 질문과 간혹 있는 응답자들의 항의에 1차로 답변을 한다. 면접원을 모집하는 일도 슈퍼바이저의 몫인 경우가 많다.

면접원은 응답자들과 대화하며 응답을 받아내는 사람들이다. 사실상의 조사 주체라고 할 수 있다. 면접원은 절대다수가 여성이다. 대부분은 중년 주부이며 대학생 등 젊은 층도 간혹 있다. 목소리는 젊은 학생들이 좋지만 일의 숙련도는 주부 쪽이 높다. 장기 근무한 인력이 많기 때문이다. 그러나 조사회사에 따라 젊은 여학생들이 아르바이트로 일하는 경우도 많고, 아예 젊은 여성들이 대부분인 콜센터에 전화조사를 맡기는 회사도 있다. 물론 전문 조사기관이라면 잘 쓰지 않는 방법이지만 말이다.

면접원 모집은 공고나 개인적 인맥을 통해 이루어진다. 보통 실사 책임자나 슈퍼바이저가 면접원 리스트를 갖고 있어 조사가 필요할 때마다 필요한 인력을 소집한다. 한 회사에서 전속으로 일하는 고정 면접원은 많지 않고 대부분은 여러 조사회사에서 일한다. 급료는 주로 근무시간이나 달성한 설문부수에 따라 주어진다.

면접원이 조사한 자료를 검증하는 사람을 검증원이라 한다. 면접원이 받은 응답에서 잘못된 점이 있는지를 확인하고 몇몇 응답자에게는 다시 전화를 걸어 확인한다. 코더는 코딩을 담당하는 사람이다. 코딩은 응답을 숫자화하는 작업이다. 여론조사에서는 모든 것이 숫자로 변환되어 처리되기 때문이다. 보기가 따로 없는 주관식 문제도 결국에는 묶어서 몇 개 항목으로 추려야 한다. 코더는 이렇게 추리는 작업을 하고 추려진 항목들에 번호를 붙여서 통계처리를 할 수 있게 한다. 검증원과 코더의 역할은 슈퍼바이저나 경험 많은 면접원이 맡기도 한다.

펀칭은 검증을 통과한 응답을 통계처리가 가능하도록 컴퓨터에 입력하는 것이다. 이를 수행하는 펀처는 실수 없이 빠른 속도로 입력할 수 있어야 하므로 보통 펀칭을 전문으로 하는 사람이 담당한다. 회사 내부 인력이 활용되기도 하지만 여러 회사에서 일감을 가져와 작업하는 프리랜서 펀처도 있다.

■ 실사 전문회사

때로 조사회사는 조사의 일부를 다른 조사회사에 다시 맡기기도 한다. 사실 모든 조사회사가 연구원과 실사실, 그리고 나중에 설명할 전산인력을 다 갖추고 있지는 않기 때문이다. 또 큰 회사라고 해도 선거철 등 업무가 폭주할 경우에는 실사 전문회사에 조사를 일부 맡기게 된다. 실사회사는 조사과정의 실사 부분만을 맡아서 수주하는 회사이다.[8] 웬만한 정규 조사회사보다 큰 실사시설 및 인력을 갖고 있는 경우가 많다.

하지만 실사회사의 능력이 모두 같은 것은 아니다. 비슷한 조사

---

[8] 여기서 말하는 실사회사는 단순한 전화 대행사를 말하는 것이 아니다. 콜센터를 운영하면서 조사회사를 포함한 여러 곳의 전화를 대신해주는 회사는 이 책에서 말하는 실사 전문회사가 아니다.

를 여러 실사회사에 수주해보면 그 차이를 쉽게 알 수 있다.

■■ 실사 준비물

실사를 시작하기 위해서 갖추어야 할 것이 몇 가지 있다. 설문지, 응답표, 그리고 할당표이다.

　의뢰인과 합의를 거쳐 완성된 설문지를 실사부서에 전달하는 것으로 본격적인 조사의 첫 단계가 시작된다. 그리고 설문이 아주 짧지 않다면 응답표를 마련하는 경우가 대부분이다. 응답표는 면접원이 받은 응답을 표기할 수 있도록 만든 표다. 설문지에 직접 표기하는 것보다 한 면에 많은 자료를 넣을 수 있다. 그렇게 하면 종이를 아낄 수 있을 뿐 아니라, 그 후의 검증과 펀칭 등 모든 작업을 빨리 진행할 수 있다. 응답표는 연구원이 만들어 전달하기도 하고 실사부서에서 설문지를 받아 만들기도 한다.

　할당표는 '표본추출'의 설계도라고 할 수 있다. 1,000명의 여론조사가 전 국민을 대표할 수 있는 것은 표본추출에 그 비결이 있다고 앞서 설명했다. 보통 비례할당표출이 쓰이는데 인구비에 따라 성, 연령, 지역으로 구분하는 것이 보통이다. 연령은 보통 20대(19세 포함), 30대, 40대, 50대, 60대 이상으로 나누고 지역은 바로 밑의 행정구역으로 나눈다. 따라서 전국 조사의 경우 16개 광역시도별로 나누고, 서울시의 경우 25개 구로 나눈다. 그래서 결국 성, 연령, 지역의 3개 요소로 이루어진 복잡한 3차원표가 만들어진다. 다음은 만들어진 할당표의 예다.

지역	성별	19-29세	30대	40대	50대	60대 이상	지역내 성별합계	지역별 합계
00구	남	35	40	29	19	16	139	276
	여	35	34	29	19	21	137	
00구	남	36	39	33	19	15	141	279
	여	35	33	31	19	20	138	
00구	남	43	59	57	29	25	213	445
	여	48	64	58	28	34	232	
연령 내 성별 합계	남	114	137	119	67	56	493	
	여	118	131	117	66	75	507	
		232	268	236	133	131	1,000	1,000

때로는 실사진행에 대한 요청사항을 연구원이 실사 가이드로 만들어 전달하기도 한다. 전달할 내용이 많을 때에는 따로 문서로 만드는 것이 기억하기에 좋다.

■■ 자, 이제 시작이다 — 면접원 교육 및 조사

설문과 응답표, 할당표, 실사 가이드 등이 마련되면 본격적인 조사 준비는 끝난 셈이다. 이제 슈퍼바이저는 연구원과 조사 시작시점을 합의하고 이에 맞추어 면접원들을 부른다. 마치 장인(匠人)이 나무를 고르고 연장을 갖추어 조각을 시작할 준비를 마친 것과 같다.

조사의 시작시점은 면접원 교육이 끝난 직후이다. 조사 개시 직전에 이루어지는 교육은 연구원의 OT(오리엔테이션)와 슈퍼바이저의 지시사항 전달로 이루어진다. OT 시간이 결정되면 슈퍼바이저는 그에 맞추어 면접원들을 부른다.

연구원은 주로 그 조사의 개요와 특이점, 설문 진행방법 및 기타 당부사항을 말한다. 슈퍼바이저는 좀더 구체적인 실사지침을 전달한다.

교육이 끝나면 드디어 본격적인 조사가 시작된다. 이제부터 얻어지는 응답 하나하나는 민주사회의 신(神)인 여론의 음성이다. 장인의 손놀림 하나하나가 불상을 만들어내듯이 이 응답 하나하나가 모여 여론의 모습을 만들어간다.

면접원 OT가 끝나면 일단 연구원이 할 일은 크게 줄어든다. 대개 바쁜 연구원은 OT 직후 실사현장을 떠나지만, 더 남아서 실사가 지침대로 진행되는지, 문제는 없는지 등을 살펴보는 것이 바람직하다.

면접원을 감독하는 방법은 여러 가지가 있다. 그중 하나는 면접원의 통화내용을 녹음하는 것이다. 녹취시설은 회사에 따라 있는 경우도 있고 없는 경우도 있는데, 물론 있는 것이 바람직하다. 하지만, 이러한 녹취방식은 면접원을 경직시키는 단점이 있다. 따라서 연구원이나 슈퍼바이저가 돌아다니며 질문에 응대하고 감독하는 방법이 일반적으로 쓰인다.

수거된 설문지는 슈퍼바이저나 검증원이 검토하는 데, 빠진 응답이 있는지, 논리적 오류가 있는지 등을 살핀다. 논리적 오류란 예컨대 5번 문항에서 찬성한 사람들만 5-1번을 응답할 수 있게 되어 있는데, 반대한 사람에게 답을 받은 경우나 나이가 20세인데 학력이 대학원 이상인 경우 등 논리적으로 앞뒤가 맞지 않는 경우를 말한다. 오류가 있는 것으로 확인된 설문지는 통계처리되지 않는다.

검증전화를 거는 것도 한 방법이다. 응답자에게 다시 전화를 걸어서 조사사실이 있는지, 주요 문항에 대한 응답을 제대로 받았는지 등을 확인한다. 응답하지 않은 질문에 대해 다시 질문하기도 한다. 수거된 모든 설문지에 대해 검증전화를 하는 것은 어렵다. 30% 정도가 일반적이다.

경선조사[9] 등 투표에 버금가는 조사의 경우 해당 후보 측에서 각각 참관인을 보내는 경우도 있다. 참관인 제도는 조사의 공정성을 높이고 결과에 대한 후보들의 승복을 유도한다. 이들은 면접원들과의 접촉이 허가되지 않는다. 각 후보들을 대리하기 때문에 조사에 부당한 영향을 미칠 수 있기 때문이다. 하지만, 이들의 존재만으로도 조사의 중요성을 면접원들에게 효과적으로 알릴 수 있다.

조사시간은 보통 평일 오후 6시에서 9시나 주말이 된다. 이때가 가구의 모든 구성원이 집에 있는 시간이기 때문이다.

개인적으로는 연구원이 OT만 끝나고 가기보다는 좀더 남아서 실사현장을 지키는 것이 좋다고 생각한다. 연구원의 존재는 실사팀에게 연구원이 이 조사를 얼마나 중요하게 여기는지를 알리는 무언의 표시이다. 그리고 슈퍼바이저와 면접원의 도덕적 해이를 막고 프로젝트에 대한 이해 부족으로 생겨나는 실수를 방지할 수 있다. 모든 연구원이 유능하지는 않듯이 모든 슈퍼바이저와 면접원들이 유능하지는 않다. 또한 실사현장에서는 보이지 않는 편의주의와 온정주의가 존재할 수 있다. 드문 경우지만 예컨대 전 국민 대상조사에서 서

---

[9] 경선조사에 대해서는 3장에서 자세히 설명한다.

울시에 할당된 200여 명을 모두 강남구에서 조사해버린다면 강남구민만의 의견이 전체 서울시민의 의견으로 반영되는 결과를 가져온다. 이는 결과를 왜곡한다. 이런 실사현장에서 좋은 결과가 나올 리 없다. 물론 준비성 없는 연구원이나 변덕스런 의뢰인이 실사 인력을 고생시킬 수도 있다. 조사가 진행되는 도중 빠진 설문이 있다고 새로 넣어달라든지 하는 등의 경우다.

캐어묻기 ― "조금이라도 마음에 드시는 후보가 있다면?"

일반 여론조사에서 캐어묻기란 한 번 더 물어보는 것이다. 모른다거나 지지하는 후보가 없다는 등의 응답을 받을 때 다시 물어 답을 받는 것을 말한다. 프로빙(probing)이라고도 한다. 캐어묻기의 질문형식은 보통 "그래도 조금이라도 지지하시는 후보가 있다면 누구입니까?" 등이다.

캐어묻기의 진행은 면접원 교육시 어떤 어구로 몇 회나 진행하라고 일러주기도 하고 아예 따로 질문문항으로 만들기도 한다. 따로 만들 경우 캐어묻기 전후의 결과를 수치로 비교할 수 있다.

캐어묻기의 정도에 따라 당연히 무응답률이 달라지고 이에 따라 전체 결과도 달라진다. 예컨대 후보들의 지지도도 캐어묻기를 했을 경우와 안 했을 경우가 당연히 달라진다. 이때 원래 '모름/무응답'이었던 사람들이 누구를 지지하게 되느냐는 흥미로운 관찰대상이다.

캐어묻기 전후의 결과를 비교하여 후보에 대한 소위 '충성도' ― 개인적으로 이 표현을 별로 좋아하지는 않는다 ― 를 간접적으로 가늠해볼 수도[vi] 있다. 예컨대 높은 지지율이 캐어묻기를 안 하자 쑥 떨어져버린다면 그 후보의 지지자들은 충성도가 낮다는 뜻이다. 이런 식으로 어느 후보의 지지자들은 결집력이 강하다든지 혹은 약하다든지 하는 결론을 낼 수 있다. 또 이는 선거 당일 투표율에 따라서 어느 후보가 유리한가를 가늠해보는 간접 자료가 될 수도 있다.

■■ 어려운 마무리

할당 맞추기

조사는 후반으로 갈수록 어려워진다. 왜냐하면, 인구비에 맞게 할당을 채워야 하기 때문이다. 서울 거주 30대 남성을 30명 조사해야 할 경우 마지막 5명을 찾는 것이 앞의 25명을 찾는 것보다 어려울 수도 있다. 한편, 이러한 할당 맞추기는 실사능력의 간접 척도가 되기도 한다.

결국 마감시간이 다가오고 예정된 할당을 채우지 못하면 어떻게 할지 결정해야 하는데, 회사에 마련된 기존 지침이 없다면 연구원이 결정한다. 예컨대 전국조사의 경우 부족한 서울지역 30대 남성을 40대 남성으로 대체한다든지, 50대와 60대는 나중에 통합해서 50대 이상으로 결과를 내는 경우가 많으므로 서로 보충하도록 한다든지 하는 것이다.

또 지역선거 조사의 경우 A동에서 못 찾은 20대 여성을 같은 선거구 내의 인접지역인 B동의 20대 여성으로 대체한다든지 하는 방법도 쓰일 수 있다.

할당은 결국 가중치와 관련이 있다. 할당이 맞지 않는다면 가중치를 통해 보정할 수 있다. 실사에서 미진했던 부분을 통계처리를 통해 보완하는 것이다. 앞서 말한 갤럽의 경우 실제 수행하기 어려운 조사방법을 제안하고, 미진한 실사를 전산을 이용해 바로잡으려한 것이 신뢰를 떨어뜨리는 결과를 낳았다. 완벽한 조사는 있을 수없지만 조사의 민감성에 대한 이해가 부족했던 것 같다.

코딩과 편칭 − '숫자의 나라'로 가는 첫걸음

여론조사의 응답은 모두 숫자로 입력되고 나오며 결과도 숫자로 정리된다. 응답자 개개인의 생각과 감정은 말을 통해 나와 숫자로 자리를 잡는다. 대통령에 대한 지지 여부도 '매우 잘하고 있다'는 1번, '어느 정도 잘하고 있다'는 2번…… 이런 식으로 결국 숫자로 자리잡는다. 코딩은 이러한 숫자화의 준비과정이다.

사실 질문지는 이미 대부분이 숫자화 준비가 된 상태다. 각 질문도 순서대로 문1), 문2), 문3)…… 등의 숫자가 붙어 있고, 편처는이 순서대로 각 문항의 답을 입력하면 된다. 보기항목도 1번, 2번, 3번 등으로 이미 숫자가 붙어 있다.

단, 기타 문항이나 주관식 문항 등은 글로 받은 응답을 숫자로 바꾸어주는 것이 필요하다. 예컨대,

문3-1) 그렇다면, 이○○ 후보를 지지하는 이유는 무엇입니까?

( )

라는 질문에 응답자들은 말로 대답하고 면접원은 이를 글로 받아 적는다. 1,000명의 응답자라면 1,000개의 답이 나오게 되는데, 1,000개

의 답은 통계적으로 별 의미가 없다. 이를 묶어서 많은 사람들의 공통 의견이 어떠하다는 것을 알아내야 한다. 따라서 1,000개의 의견을 몇 가지로 묶어낸다.

예컨대 이○○ 후보를 지지하는 이유로, '깨끗한 이미지', '부패하지 않은 사람 같다', '도덕적으로 뛰어나다', '청렴하다', '경제적 식견이 뛰어나다', '현실경제를 잘 알고 있는 것 같다', '회사 대표를 한 점을 높이 산다', '경제를 살릴 것 같다' 등의 다양한 응답이 나올 수 있다.

이를 '1. 뛰어난 도덕성', '2. 경제적 안목' 등으로 묶으면 수많은 응답을 몇 개의 보기 내에 포함해서 통계를 낼 수 있다. 주관식을 객관식으로 바꾸는 셈이다. 이렇게 주관식 문항이나 기타 응답에서 받은 다양한 응답을 숫자로 바꾸는 것이 코딩의 한 부분이며 코더의 역할이다. 코더가 이런 주관식 문항의 숫자화를 다 마치지 않고 연구원에게 넘겨 최종 마무리하게 하기도 한다.

그리고 또 하나 정리해야 할 것이 있다. 각 문항의 자릿수이다. 예컨대 1번 질문은 보기가 4개 있고, 2번 질문은 11개의 보기가 있다면 1번 질문에 대한 답은 한 자리에 다 표시가 된다. 하지만, 2번 질문은 두 자리를 주어야 한다.

그래서 1번 질문에 응답자가 1번, 2번 질문에 10번으로 답했다면 펀처는 1과 10을 연달아 써서 110으로 치게 된다. 그런데 응답자가 1번에는 1번, 2번에는 2번으로 응답하였다면? 12로 입력하는 것이 아니라 1과 02를 합하여 102로 입력해야 자릿수가 맞는다.

좀더 자세히 설명하기 위해 앞서 보았던 설문의 예를 다시 보자.

보통 펀칭의 처음 네 자리는 보통 응답자 ID가 들어간다. ID는 설문에 응한 응답자나 수거된 개개의 설문을 구별하기 위한 것이다.

[○○구청장 선거관련 여론조사]　ID ☐☐☐☐

안녕하십니까? 여론조사전문기관 ○○리서치 입니다. ○○구의 여러 현안에 대한 조사를 하고 있습니다.
잠시만 협조해 주시면 감사하겠습니다.

지역　　1. ○○동　2. ○○동　3. ○○동　4. ○○동　5. ○○동　6. ○○동　7. ○○동

SQ1) [연령] 실례지만, 선생님의 연세는 올해 만으로 어떻게 되십니까?
만 _____ 세　19세 미만 조사 중단

SQ2) [성별] 묻지 말고 목소리로 구분
　　　1. 남자　　　2. 여자

SQ3) [거주기간] 그렇다면 선생님께서 ○○구에 사신 지는 얼마나 되십니까?
비거주지 조사 중단 및 거주지역(동)확인
1년 이하는 1년으로 표기
만 _____ 년

문1) [지역현안] 선생님께서는 ○○구에서 가장 중요하게 다루어져야 할 문제가 교육, 교통, 주택, 복지문화, 지역경제, 환경 등 어떤 것이라고 생각하십니까?
　　　1. 교육
　　　2. 교통
　　　3. 주택

문3) [바람직한 후보-○○당] 5월 31일 지방선거에서 ○○당의 ○○구청장 후보인 현시의원인 방○○과 전구청장인 임○○이 거론되고 있습니다. 이들 중 어떤 사람이 더 바람직한 후보라고 생각하십니까?
　　　1. 방○○
　　　2. 임○○
　　　3. 기타(적을 것:　　　　　　)
　　　9. 모름/무응답

문4) [바람직한 후보-○○당] ○○당에서는 구청장 후보로 전시의원인 주○○과 전시의원 이○○이 거론되고 있습니다. 이들 중 어면 사람이 더 바람직한 후보라고 생각하십니까?
　　　1. 주○○
　　　2. 이○○
　　　3. 기타(적을 것:　　　　　　)
　　　9. 모름/무응답

보통 1,000명을 조사하기 때문에 네 자리를 차지한다. ID 다음은 지역인데 이 설문의 경우 7개 동이 있으므로 한 자리면 된다(전국 조사일 경우 16개 시도를 표시해야 하므로 두 자리가 필요하다).

그 다음은 나이다. 이는 보통 두 자리를 차지하는데 연령은 두 자리 이내로 표기할 수 있기 때문이다(최대 99세까지라고 할 때). 그리고 성별은 남성과 여성 두 경우밖에 없으므로 한 자리만 차지해도 된다. 그 다음 거주기간 역시 두 자리를 주면 될 것이다(100년 이상 산 사람이 없다는 가정하에). 따라서 5년을 거주한 사람의 경우 단순히 5가 아니라 05라고 입력해야 한다. 그렇지 않으면 배열이 엇갈려

통계처리를 할 수 없다. 그리고 문1) 지역 현안 역시 한 자리이다. 그리고 문2)를 정당 지지도라고 하면, 현재 존재하는 정당의 수가 10개 미만이므로 한 자리만 주면 된다. 이런 식으로 자리를 잡아가는 것이 코딩의 또 한 부분이다.

이렇게 코딩을 마치면 비로소 자료입력(펀칭)을 할 수 있다. 펀칭은 숫자를 컴퓨터에 입력하는 것을 말한다. 이미 코딩을 통해 마련된 자릿수에 맞게 각 문항의 응답을 입력하면 된다.

다른 설문의 예를 들어보자. 전국조사에서 첫 번째 응답자는 서울 거주 35세이며 남성이고, 그리고 문1)에서 1번으로 응답하였고, 문2)에서는 2번, 문3)에서 5번, 문4)에서 2번, 문5)에서 4번, 학력은 대졸이라고 대답했다 하자.

첫 번째 응답자이므로 ID는 0001번이고, 서울 거주이므로 지역은 01(1번 서울, 2번 부산 등으로 보기를 만들어놓았을 경우), 35세이므로 나이(AGE)는 35, 남성이므로 성(SEX)에서는 1(1번 남성, 2번. 여성이라고 보기가 되어 있는 경우)이 된다. 학력은 학력문항이 1. 중졸 이하, 2. 고졸, 3. 대재 이상으로 되어 있다면 3번이 된다. 따라서 다음과 같이 응답표에 기록되며 이를 그대로 컴퓨터에 입력한다.

ID				AREA		AGE		SEX	Q1	Q2	Q3	Q4	Q5	DQ1
0	0	0	1	0	1	3	5	1	1	2	5	2	4	3
0	0	0	2	0	2	2	3	2	3	3	2	3	1	2

응답표를 보면 두 번째 응답자는 부산에 살고 있는 23세의 고졸

여성이라는 것을 알 수 있다. 이렇게 작성된 응답지를 컴퓨터에 입력하는 것이 펀칭이다. 펀처는 위의 응답지를 가지고 숫자만 입력하면 된다. 즉 컴퓨터에,

000101351125243

000202232332312

등과 같이 입력한다. 이렇게 1,000개의 데이터를 넣으면 1,000명의 응답이 모두 입력된다. 이렇게 입력된 파일을 로데이터(Raw Data) 파일이라고 한다. 실사의 작업은 이 파일을 전산 프로그래머에게 전달하는 것으로 끝난다.

실제 실사가 다 끝나기를 기다리지 않고 검증된 설문이 어느 정도 모였을 때 펀칭을 시작하면 시간을 단축할 수 있다. 설문이 잘 되어도 펀칭이 잘못되면 결과가 잘못 입력되어 조사결과가 잘못 나오게 된다. 그래서 실수하지 않는 숙련된 펀처가 필요하다.

면접, 검증, 코딩, 펀칭 등이 다 끝나고 로데이터 파일로 모든 수고의 결과를 담아내면 실사부서의 임무는 끝난 셈이다. 이젠 로데이터 파일을 전산팀에게 넘겨 처리하는 일만 남았다. 실사가 완성한 로데이터 파일을 전산팀이 만든 프로그램으로 돌리면(전산 처리하면) 통계표가 나온다. 이 통계표가 신의 음성, 즉 여론을 받아 적은 문서가 된다.

숫자의 꽃 속에
열매가 있다
― 전산(통계)처리

전산작업은 입력된 숫자를 다루는 과정이다. 이러한 과정을 통해 단순한 수의 나열인 로테이터 파일을 의미가 있는 통계표로 만든다. 이 과정에서는 전산 프로그래머가 큰 역할을 한다.

■■ 쉽게 이해하는 전산과정

전산과정을 이해하기 위해 다음의 예를 들어보자. 여러분이 집에서 빨래를 하기 위해서는 무엇이 필요한가? 가장 기본적인 것은 빨랫감 자체이다. 그 다음은 세탁기이다. 세탁기의 전원을 켜고 세탁물을 세탁기에 넣으면(물론 세제도 넣어야 한다) 일단 준비가 끝난다.

그 다음은? 버튼을 눌러 세탁기를 조작하면 된다. 즉 세탁물 준비, 세탁기에 세탁물 넣기, 그리고 세탁기 조작이 빨래의 세 단계이다. 이 세 단계가 전산과정에도 필요하다.

세탁물처럼 전 과정의 기본이 되는 재료가 전산과정에서는 실사실에서 전달된 로데이터 파일이다. 이를 처리할 세탁기에 해당되는 것은 통계 프로그램이다. 조사회사에서는 주로 SPSS(Statistical Package for the Social Sciences)를 쓴다. 이 SPSS에서 로데이터 파일을 열어(세탁물을 세탁기에 넣는 것처럼) 원하는 버튼을 클릭하면 SPSS 프로그램이 돌아간다. 그러면 결과물인 조사결과표가 나온다(여러분이 문서를 편집할 때도 비슷한 과정을 거친다. 원 문서를 워드 프로그램상에서 열고 모니터상의 여러 조작을 거쳐 새로운 결과물로 만든다).

요즘 대부분의 컴퓨터 프로그램이 그렇듯 SPSS에도 클릭만으로 여러 통계자료를 낼 수 있는 편리한 윈도 버전이 나와 있다. 하지만, 많은 프로그래머들은 수동으로 프로그램을 작성하기 쉬운 구형 도스 버전을 쓴다. 프로그램이라고 하면 어렵게 느껴지지만 개념은 간단하다. 하나하나 클릭하는 것 대신 명령어를 문서형식으로 써서 SPSS가 인식하도록 하는 것이다. 이렇게 프로그램을 만들면 여러 과정을 한 번에 할 수 있을 뿐 아니라 같은 작업을 필요에 따라 몇 번이라도 간단히 반복할 수 있다. 마치 어떤 사람이 다른 사람에게 일을 맡길 때 일일이 옆에서 지시하기 힘드니까 어떤 일을 할지 순서대로 메모에 적어서 전달하는 것과 같다.

다음 그림은 로데이터를 SPSS로 불러온 화면이다.

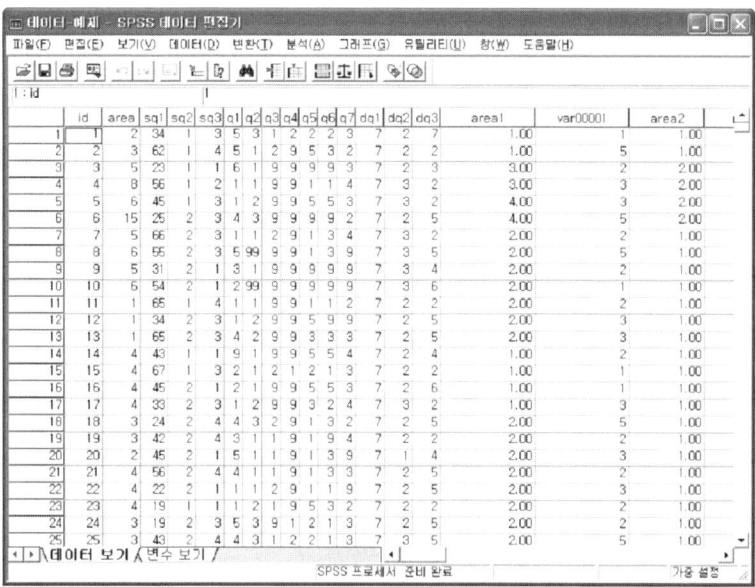

이를 다시 다음와 같이 메뉴바를 클릭하여 통계표를 낼 수 있다.

전산 프로그래머는 이와 같은 조작을 클릭 대신 자신이 만든 명령문 프로그램으로 처리한다. SPSS에서 쓰이는 명령 중 알아두면 도움이 될 만한 몇 가지만 살펴보도록 하자.

■■ 몇 가지 명령어

레이블링(labeling) – 이름 붙이기

이것은 숫자에 다시 이름을 부여하는 것이다. 어느 후보를 지지하는 가에 대한 응답이 설문지에는 1. 이○○, 2. 박○○, 3. 유○○ 등으로 되어 있으나, 앞서 본 바와 같이, 그리고 앞페이지의 그림에서 볼 수 있듯이, 펀칭될 때는 1, 2, 3 등의 숫자로만 입력된다. 이 번호들을 통계내어 이○○ 후보 35%, 박○○ 후보 15%, 유○○ 후보 40% 등으로 나타내려면 다시 1은 이○○, 2는 박○○, 3은 유○○라고 SPSS에게 알려주어야 한다. 이렇게 이름을 붙여주는 작업이 레이블링이다. 대부분 설문지에 있는 것을 그대로 옮겨주면 된다. 간단한 작업인데 잘못되면 재앙이 올 수도 있다. 시험에서 수험생의 이름이 뒤바뀌면 당락이 바뀌는 것처럼 말이다.

이런 조작을 통하여 1, 2, 3 등의 숫자로만 기재되었던 응답들에 다시 이름이 붙는다. 즉 1번을 선택한 사람들의 응답은 이○○ 후보로, 2번을 선택한 사람들의 응답은 박○○라는 이름으로 부를 수 있게 된다. 이런 과정을 통해 이○○ 후보 지지가 몇 %, 박○○ 후보 몇 %, 유○○ 후보 몇 %라는 집계를 내는 기초작업이 완성된다.

리코딩(recording) - 바꾸거나 묶기

앞에서 보았듯이 나이는 19세부터의 숫자로 받는다. 예컨대 당신의
나이는 24, 35, 혹은 46 등일 것이다.

> SQ1) 실례지만, 선생님의 연세는 올해 만으로 어떻게 되십니까?
>
> 만_35_세 (19세 미만 조사 중단)

하지만 신문기사를 보면 '30대에서는 이OO 후보의 지지율이 가
장 높고, 50대와 60대에서는 박OO 후보의 지지율이 가장 높다' 등
으로 통계가 나온다. 그렇다면 어떻게 모든 30대의 응답을 모아낼
까? 계산기로 계산해내는가? 아니면 엑셀로? 아니다. SPSS 프로그
램 몇 줄로 해낼 수 있다. 즉 통계 프로그램으로 기존의 자료를 이용
하여 새로운 결과를 만들어내는 것이다. 이것이 리코딩(recoding)이
다. 다음의 예를 보자. 이해를 쉽게 하기 위해 전산 프로그래머가 작
성한 프로그램을 보면서 설명하도록 하겠다.

> VAR LAB AGE "연령".
>
> REC AGE (LOW THRU 29=1)(30 THRU 39=2)(40 THRU 49=3)(50
> THRU HI=4).
>
> VAL LAB AGE
>
> 1 "20대(19세 포함)"
>
> 2 "30대"
>
> 3 "40대"

4 "50대 이상".

29세까지를 1로 리코딩하여 – REC AGE (LOW THRU 29=1) – '20대(19세 포함)' 라는 이름을 달고, 30부터 39까지는 2번으로 리코딩하여 '30대' 라고 이름 짓는다[10] 등을 지시하는 명령문이다. 이렇게 리코딩은 한 변수를 다른 변수로 바꾸는 것이다. 이런 방법을 이용하면 30부터 39까지의 10개 변수를 30대라는 하나의 새로운 변수로 묶어낼 수 있다.

이러면 나이를 그냥 숫자로 받아도 이들을 모아 "20대에서는 유OO 후보의 지지가 가장 높다", "이OO 후보는 40대에서 가장 높은 지지를 받고 있다" 하는 식의 분석을 할 수 있다.

앞에서 살펴본 거주기간의 경우도 같다. 1년 이하에서 수십 년까지 있는 거주기간을 위와 같은 식으로 5년 이하, 6년에서 10년, 11년 이상 등으로 묶을 수 있다.

또 찬반이나 지지 여부도 응답은 1. 매우 찬성, 2. 어느 정도 찬성, 3. 반대하는 편, 4. 매우 반대, 9. 모름/무응답으로 세분하여 받으나, 결과를 낼 때는 위의 5개 응답뿐 아니라 '찬성 몇 %', '반대 몇 %' 등으로도 낸다. 이는 일일이 계산하는 것이 아니고 위와 같은 리코딩 방법을 이용하는 것이다.

경선조사의 경우 로테이션 설문이 많이 등장한다. 예컨대 2명의 후보가 경쟁한다면 누구를 1번으로 하고 누구를 2번으로 하는가가

---

10 이름을 지을 때에는 레이블링 명령어 LAB가 사용되었다.

응답에 영향을 주는 것을 막기 위해 두 후보가 번갈아 1번을 차지할 수 있게 하는 것이다. 이 경우 설문을 두 가지 타입으로 만들면 된다.

즉 1번 타입 설문에서는 보기를

1. 이○○

2. 박○○

9. 모름/무응답

으로 하고, 2번 타입 설문에서는 반대로

1. 박○○

2. 이 ○○

9. 모름/무응답

으로 하는 것이다. 그래서 1,000명 중 절반에게는 1번 타입, 나머지 절반에게는 2번 타입의 설문지로 질문을 하여 응답을 받는다.

하지만 나중에 전체 1,000명의 표본 중 이○○ 후보 지지율 몇 %, 박○○ 후보 지지율 몇 %로 통계를 내려면 두 가지 설문의 결과를 하나로 합쳐야 한다. 이 경우도 리코딩을 써서 문제를 해결할 수 있다. 만약 1번 타입 설문의 순서대로, 1. 이○○, 2. 박○○으로 통계를 내려 한다면, 두 번째 타입의 설문결과에서 1번과 2번을 바꾸어 준다. 이때 쓰이는 명령문은 아래와 같다. 문4)가 후보지지도 질문이라고 하자.

```
DO IF (TYPE=2).
RECODE Q4(1=2)(2=1)
```

만약(IF) 설문의 타입이 2번이라면(type＝2) 네 번째 질문(Q4)의 1번인 박OO를 2번으로 바꾸고(1＝2), 2번인 이 OO를 1번으로 바꾸라(2＝1)는 의미이다.

이러면 1번 타입 설문에서 1번, 2번 타입 설문에서 2번이었던 이 OO 후보 지지가 1번으로 합쳐져 집계되어 나온다. 박OO 후보도 마찬가지이다.

가중치 – 숫자 늘리고 줄이기

가중을 둔다는 것은 쉽게 말하면 일정 비율로 크기를 변화시키는 것을 말한다. 정치여론조사에서 가중치는 실사에서 할당을 맞추지 못한 것을 조정할 때 쓰인다. 즉 이미 조사된 것을 늘리거나 줄여서 애당초 조사되어야 할 수치로 맞춘다는 것이다. 즉 98명을 100명으로, 105명을 100명으로 등으로 바꾸어주는 것이다.

간단한 예를 들어보면 남성과 여성을 각각 500명씩 조사해야 하는데, 실사의 어려움으로 남성 470명과 여성 530명이 조사되었다고 하면, 이를 가중치를 통해 보정하는 프로그램은 다음과 같이 만든다.

IF SEX=1   WT=500/470.
IF SEX=2   WT=500/530.

*WEIGHT BY WT1.

만약(IF) 성이(SEX) 남성(1)이라면, 가중치는 500/470으로, 여성(2)이라면 가중치는 500/530으로 준다는 말이다. 이런 과정을 통해 조사결과표에는 남성과 여성이 각각 500명씩 조사된 것으로 나타난다.

나름대로 매우 유용한 방법이다. 앞에서 이야기했듯이 실사에서 막판 할당을 맞추는 것은 매우 어렵다. 이것을 간단한 프로그램으로 맞출 수 있다면 얼마나 편리하겠는가? 하지만 이런 방법에도 한계가 있다. 애당초 이러한 방법은 표본조사의 원래 취지에 어긋난다. 보정된 후의 수치가 어그러진 실사결과를 그대로 반영하는 것보다는 나을지 모르나 제대로 조사했을 때보다는 만족스럽지 못하다. 실사능력이 따르지 않는 상황에서 억지로 할당을 맞추려고 무리하는 것보다는 전산으로 깔끔하게 처리하는 것이 낫겠지만 말이다. 실사가 유능하면 결과가 좋아진다는 것은 괜한 말이 아니다.

가중적용의 함정을 좀더 살펴보자. 예컨대 부산시 조사에서 해운대구에서 200명을 조사해야 하는데 100명밖에 조사를 못했다고 하자. 그래서 전산작업으로 두 배 가중을 주어 이 사람들의 의견이 두 배씩 반영되게 했다고 하자. 통계표에서는 해운대구에서 계획대로 200명이 조사된 것으로 나온다. 하지만, 여기에 맹점이 있다. 해운대구에서 실제 조사된 것은 100명밖에 안 된다. 이 100명이 해운대구의 의견을 잘 대변할 수 있을까? 그렇지 않다면 전체 부산시에 대한 결과도 정확성이 많이 떨어질 것이다.

잘 이해가 되지 않는다면 극단적인 예를 하나 들어보자. 남녀 각각 500명씩 총 1,000명을 조사하기로 했는데, 남자를 1명밖에 조사하지 못했다면? 가중적용을 통해 남자 1명을 500배하여 남자 500명으로 통계표를 만들어낼 수 있다. 그렇다면 이 결과가 타당한가? 그렇지 않다. 남자 1명이 유○○ 후보를 지지했다면 전국의 남성이 모두 유○○ 후보를 지지하는 것으로 결과가 나온다. 그러면 유○○ 후보는 그 한 명의 지지로 인해 최소 50.0%의 지지를 받게 된다.

고무줄도 너무 늘리면 끊어지듯이 가중적용방법도 한계가 있다. 이를 무시하고 무리하게 적용하면 결국 눈속임이 될 뿐이다.

■■ 만약 주문을 잘못 외우면? — 뒤바뀐 결과

컴퓨터는 매우 정직하기 때문에 융통성이 없다. 따라서 프로그램을 잘 못 짜면 엄청난 재앙이 올 수도 있다. 당신이 만든 프로그램 한 줄의 잘못이 당선 후보를 바꿀 수 있다면 조심하지 않을 수 없다. 다음은 《한라일보》[vii] 기사의 일부이다.

—— 한나라 노형乙 공천 보류

여론조사 결과 오류……파문 예상

여론조사 결과 오류로 한나라당 노형을 도의원 후보 공천이 보류됐다.

한나라당 제주도당은 17일 공천심사위원회를 통과한 도의원 공천자 중 제13선거구 (노형을) 문태성 후보의 공천을 보류한다고 밝혔다.

한나라당은 공천심사위원회가 끝난 후인 17일 오후 8시 26분쯤 경선여론조사를 담당했던 리서치플러스로부터 전산오류상의 착오로 후보적합도 문항에 오류가 발생했다는 연락을 받고 문 후보자의 공천을 보류하기로 했다고 설명했다.

서울소재 리서치플러스는 후보 적합도를 묻는 질문의 응답보기 순서가 문태성·장동훈 순이었으나 전산처리를 위한 프로그램 작성과정에서 후보자의 이름의 순서가 바뀌어 입력되는 프로그램상의 실수가 발생했다면서 이미 발송된 조사결과보고서의 결과를 수정한다고 해명해왔다.

-《한라일보》, 2006년 4월 18일, 위영석 기자

경선여론조사에서 전산 실수로 당선자가 잘못 나왔고 이로 인해 애당초 발표된 당선자의 공천이 보류되었다는 기사이다. 후보들은 물론 조사회사에게도 상처가 되었을 사건이 전산과정의 단순한 실수로 빚어진 것이다.

하나하나 수작업으로 해야 할 일을 간단한 명령어로 대치할 수 있는 것이 컴퓨터라는 기계를 부리는 인간의 호사이다. 컴퓨터는 빠르고 기억력이 좋지만 단순해서 시키는 대로만 하고 융통성이 없다. 따라서 명령하는 과정에서 실수가 나온다면 결과 역시 잘못 나오게 된다. 계산은 컴퓨터가 하지만 프로그램은 사람이 짜기 때문에 실수가 있을 수 있다. 보고서에 오타가 있을 수 있는 것처럼 프로그램에도 잘못이 있을 수 있다. 하지만, 프로그램상의 실수는 몇 글자가 아닌 전체 결과에 심각한 영향을 줄 수 있다는 점을 기억해야 한다. 따라서 능숙한 전산 프로그래머와 혹 있을 수 있는 실수를 잡아낼 만한 연구원의 세심함이 필요하다.

■■ 전산과정의 주요 등장인물

연구원은 전산 프로그래머에게 설문지와 전산 가이드를 주어서 가이드에 따라 통계처리를 하도록 한다. 전산 가이드에는 리코딩, 가중치와 같은 내용이 포함된다.

그리고 프로그래머로부터 완성된 전산결과표와 프로그램을 받아 확인한다. 보통 프로그래머의 전산결과 제출과 연구원의 확인과정은 한 차례로 끝나지 않고 두세 차례의 주고받는 과정을 거쳐 완성된다. 설문이 짧고 비교적 단순한 정치조사에서는 프로그램도 단순하다. 하지만, 숙련되지 못한 프로그래머는 실수를 자주 한다. 바쁠 때에는 실수의 가능성이 더욱 높아진다. 이러한 실수는 경선조사의 예에서처럼 큰 재앙이 되기도 한다. 중요하면서도 빠른 결과가 필요한 정치여론조사에서 숙련된 프로그래머의 존재는 필수적이다. 꼭 경력이 많다고 능숙한 프로그래머가 되는 것은 아니다. 같은 시간을 달려도 달린 거리가 다를 수 있듯이 경력의 길이와 경험의 깊이는 다를 수 있다. 일부 조사회사에서는 연구원이 전산 프로그래머의 역할도 하는 경우가 있는데, 연구원이 통계 프로그래머을 짤 수 있다는 것은 바람직한 일이나 혼자서 여러 가지 일을 감당할 때에는 실수할 확률도 그만큼 높아진다.

■■ 여론, 드디어 입을 열다

위와 같은 과정을 통해 전산결과표가 만들어진다. 통계표의 형태는 회사마다 조금씩 다르나 큰 틀은 비슷하다. 보통 첫 페이지에는 차례, 두 번째 페이지에는 응답자의 특성[11]이 나오고 세 번째 페이지부터 각 질문에 대한 응답결과가 정리되어 나온다. 여기부터 각 페이지에는 상단에 질문의 내용을 간략하게 요약한 제목이 있고, 전제 및 응답자 분류에 따른 결과수치가 위로부터 아래로 나열되어 정리된다. 이는 펀처가 입력한 데이터 파일을 프로그래머가 만든 프로그램으로 돌린 결과이다. 전산결과표는 의외로 많은 내용을 담을 수 있어 표 제목뿐 아니라 질문 전체를 각 표에 넣을 수도 있고, 표 상하단에 기타 필요한 정보를 넣을 수도 있다.

각 응답은 비율로 나타낸다. 매우 찬성 10.5%, 어느 정도 찬성 35.1% 등 원래 설문지상의 보기로 나와 있던 것들이 응답비율과 함께 나타난다. 또 앞에서 말한 리코딩 방법을 써서 '매우 찬성'과 '어느 정도 찬성'을 합하여 '찬성 45.6%'라는 새로운 카테고리로 만들어낼 수도 있다.

모든 표가 그렇듯이 전산통계표도 행과 열이 있다. 가로에는 찬성, 반대 등 보기가 놓이고 세로에는 성별, 지역별, 연령별 등의 구분이 나와서 모든 응답자(전체 응답자)의 응답, 남성들만의 응답, 서울시민들만의 응답 등을 볼 수 있게 되어 있다. 응답자 특성에 따른 통계치는 매우 유용한 자료이나 아주 세분할 경우 각 하위집단의 응답자수가 너무 적어 의미 있는 통계치를 내기 힘들어진다. 그래서 비슷한 집단끼리 묶어서 보게 된다. 예컨대 지역이라면 대구와 경북, 부산과 울산 경남, 혹은 전남북과 광주를 하나로 묶는 식이다.

---

11 전체 몇 명이 조사되었고, 조사된 인원 중 남성은 몇 명이고 이는 전체 중 몇 %이며, 여성은 몇 명에 몇 %, 지역별로는 서울 몇 명에 몇 %…… 등의 내용이 표시된다.

이는 앞서 말한 리코딩 방법을 쓰면 쉽게 할 수 있다. 응답자 특성별 (하위 집단별) 분석에 어떤 것이 '응답자 특성'이 될 것인지는 프로그램으로 지정한다. 따라서 성, 연령, 지역 외에 원래 하나의 문항인 정당 지지도, 대통령 지지도 등도 응답자 특성으로 삼아 분석할 수 있다. 그래서 "A정당 지지자 중에서는 이○○ 후보 지지가 45%" 등의 수치를 얻을 수 있다.

결과수치는 우리나라에서는 보통 소수점 한 자리까지 보이나 외국에서는 반올림하여 소수점 이하를 표기하지 않기도 한다. 이 역시 프로그램상에서 간단히 바꿀 수 있다. 그 외 표의 모양도 어느 정도 조정이 가능하다.

그리고 SPSS 프로그램에서 출력되는 결과표를 한글(HWP)이나 워드(MS Word)로 전환하는 것도 보통은 전산 프로그래머의 역할이며 프로그래머들은 각기 나름대로 이런 전환의 노하우들을 갖고 있다.

다음은 전산통계표의 한 예이다. 조선일보와 TNS의 2007년 6월 30일 조사에서 만들어진 결과표[viii]의 일부를 가져온 것이다.

위로부터 제목, 질문내용, 보기, 각 보기에 따른 응답비율이 나와 있다. 1,000명 전체의 조사결과뿐 아니라 지역별, 성별, 연령별 등 응답자의 특성에 따른 통계를 볼 수 있다. 지역은 16개 시도별이 아니라 7개로 묶어 구분하고 있다. 상당히 깔끔한 통계표라고 생각한다. 조선일보 등 몇 개 언론사는 국내 주요 조사기관들과 여론조사를 자주 진행하면서 그 결과표를 홈페이지에 공개하고 있다. 그만큼 조사결과에 자신이 있다는 의미이다. 조사에 관심이 있는 사람들에

〔표 7〕 이명박 후보 대운하 건설 공약 찬반

〔문 7〕 ○○님께서는 이명박 후보의 공약인 한반도 대운하 건설에 찬성하십니까? 반대하십니까?

	사례수	매우 찬성한다 %	약간 찬성한다 %	찬성 %	매우 반대한다 %	약간 반대한다 %	반대 %	모름/ 무응답 %
전 체	(1000)	8.9	30.0	38.9	20.9	18.7	39.6	21.5
지 역 별								
서 울	(213)	11.7	32.1	43.7	16.4	19.9	36.3	19.9
인천 / 경기	(270)	9.7	29.5	39.2	22.0	17.2	39.2	21.6
대전 / 충청	(100)	6.4	28.9	35.2	20.9	25.6	46.5	18.3
광주 / 전라	(105)	6.6	27.0	33.6	17.6	20.8	38.4	28.0
대구 / 경북	(106)	6.4	26.8	33.2	25.9	16.7	42.6	24.2
부산 / 울산 / 경남	(166)	9.7	29.6	39.3	24.7	17.6	42.3	18.4
강원 / 제주	(40)	5.0	44.2	49.2	18.1	9.2	27.3	23.5
성 별								
남 자	(496)	10.8	28.4	39.2	21.9	24.6	46.6	14.3
여 자	(504)	7.1	31.7	38.8	20.0	12.8	32.8	28.4
연 령 별								
20 대	(215)	5.7	35.6	41.3	23.3	17.0	40.3	18.4
30 대	(235)	6.0	33.0	39.1	22.0	21.8	43.7	17.2
40 대	(227)	9.8	29.6	39.4	22.5	22.7	45.2	15.4
50 대	(149)	16.1	23.8	39.9	20.5	19.0	39.5	20.6
60 대 이상	(174)	9.4	25.0	34.5	15.1	11.1	26.2	39.3

게는 좋은 자료이다.

완성된 전산결과표는 연구원에게 전달되는데 전산 프로그래머는 연구원의 요구에 따라 한글이나 워드로 변환한 최종 파일과 함께 자신이 만든 프로그램들과 데이터 파일을 보낸다.

연구원은 이들을 검토한 후 이를 토대로 보고서를 작성한다. 혹 있을 수 있는 실수를 찾아내고 기타 요구사항을 반영하기 위해 연구원은 전산표를 세밀히 검토해야 한다.

통계 프로그램은 실수가 없어도 사람은 실수를 할 수 있다. 보통 프로그래머는 기존 조사의 프로그램을 복사하거나 편집하는 방법으로 일을 하게 되는데 이는 빠르기도 할뿐더러 명령어 타이핑 실수를 막을 수 있는 방법이지만 이전 파일의 내용이 수정되지 않아서 오류가 발생하는 경우도 있다.

따라서 연구원은 프로그래머가 만든 전산 프로그램을 검토하고, 이와는 별도로 데이터 파일을 SPSS에서 스스로 돌려보아 전달된 결과와 비교하기도 한다. 그리고 전산결과표를 놓고 실사에서 보고된 결과와 비교하기도 하고 일부 문항의 경우 일반적인 상식과 전산결과를 비교하기도 한다. 예컨대 정당 지지도, 후보 지지도 등은 어느 정도 기존의 통계자료와 타 기관에서 발표된 자료를 보고 비교할 수 있다. 예컨대 정당 지지순위가 알고 있는 것과 반대로 나왔다면 레이블링이 잘못되었을 가능성이 있다. 성적표에서 학생 이름이 바뀐 것과 같은 경우이다. 세심한 연구원일수록 다양한 방법을 통해 검토한다.

이런 검토작업이 끝나고 전산표가 확정되면 이제 만들어진 것은 단순한 수의 나열이 아니라 의미 있는 통계치가 된다. 여기까지 이르면 이미 조사의 결론은 끝난 것이며 여론의 뜻이 무엇인지는 이미 알려진 셈이다. 여론은 드디어 입을 열었고 이제는 이것을 보는 이에게 좀더 쉽게 설명하는 일만 남았다.

열매
거두기
― 보고서 작성

보고서는 통계결과를 정리하여 문서로 만든 것이다. 우리와 보고서가 무슨 상관이냐 할 수도 있지만 조사회사에서 만들어 조사의뢰자 측에 제출하는 보고서가 언론의 경우 여론기사, 정부 및 기타 공공단체의 경우 보도자료의 기초가 된다는 사실을 생각하면 좀더 관심 있게 볼 수 있을 것이다.

■ 메마른 숫자에 '말의 살과 그림의 옷'을 입히다

보고서의 목적은 두 가지이다. 우선 보는 이가 결과를 쉽게 이해하도록 도와주는 것이고, 또 하나는 여기서 더 나아가 결과를 분석하여 보는 이에게 유용한 정보를 제공하는 것이다. 후자는 단순히 표를 읽는 것과는 다르다. 숫자에 나타나는 일관된 흐름이나 각 질문 결과의 관계 등을 통해 새로운 정보를 얻어내는 것이다. 이러한 두 가지 목적을 효과적으로 달성하기 위해 말, 그림, 표와 같은 수단을 쓴다.

보고서의 재료

'말'은 결과를 문장으로 서술하는 것이다. 숫자의 해석을 말로 해주는 것이라고 할 수 있다. 연구원은 쉽게 읽을 수 있게 단어를 선택할 때 신경을 많이 쓴다. 구체적인 숫자를 추상적인 말로 바꾸어 쉽게 읽을 수 있도록 하는 것이다. '큰 차이를 보였다', '다소 증가하였다', '거의 변하지 않았다' 등의 어구를 이용하여 결과를 설명한다. 이런 말은 그림과 표 등의 지원을 받아 더욱 보기 편하게 결과를 나타낸다.

그림은 주로 그래프를 가리킨다. 많이 쓰이는 그래프는 원, 막대,

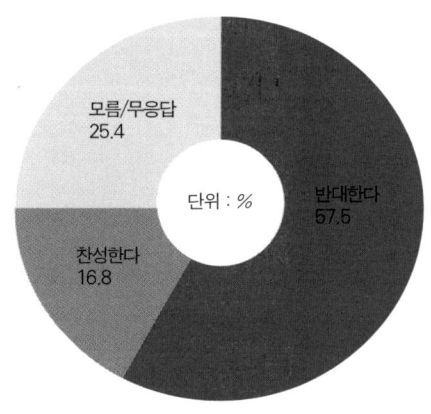

그리고 추세 그래프이다. 원 그래프는 가장 기본적인 그래프이다. 원의 특성상 각 응답의 비율을 원의 넓이로 비교해줄 뿐 아니라, 전체(100%) 중의 비율도 명확히 보여주기 때문에 가장 정확하다고 할 수 있다. 하지만 보기항목이 많으면 그래프가 복잡해져 시각효과가 떨어지기 때문에 보기가 몇 개 안 되거나 찬반 여부, 지지 여부 등 주로 응답이 양분되는 질문결과를 표시할 때 쓰인다. 이 그래프에서는 찬성과 반대로 크게 표시하였지만 '매우 찬성한다', '찬성하는 편이다', '반대하는 편이다', '절대 반대한다' 등의 세부항목을 모두 표시할 수도 있다.

보기항목이 여러 개일 때는 막대 그래프를 쓴다. 후보 지지도, 정당 지지도, 지역 현안 등은 보통 보기항목이 여러 개이므로 막대 그래프가 종종 쓰인다. 아래는 정당 지지도 문항에 대한 응답결과이다.

한 그래프에 여러 개의 막대가 등장하는데 막대의 순서는 질문의

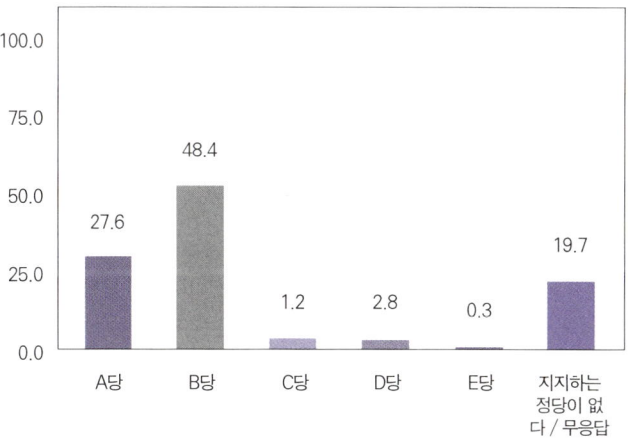

성격에 따라 설문지에 제시된 보기항목의 순서를 그냥 따를 수도 있고, 가장 높게 나온 항목부터 순서대로 나열할 수도 있다. (다음은 정당 지지도를 막대 그래프로 표시한 것이다.)

지지도 추세, 인지도 추세 등 시간에 따른 변화를 나타낼 때에는 추세그래프가 쓰인다. 다음은 2007년 9월 5일 조사까지의 결과를 나타낸 야후와 동서리서치의 추세 그래프이다[ix]. 거대 정당들의 지지율 추세뿐 아니라 무응답률의 변화도 볼 수 있다.

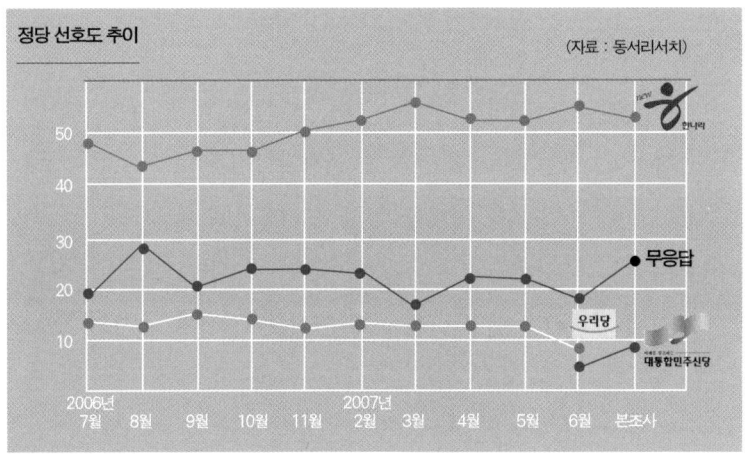

좀더 자세히 보면 무응답률이 높아질 때 한나라당 지지율이 낮아지고 반대로 무응답률이 낮을 때 한나라당의 지지율이 높아지는 것을 볼 수 있다.

표의 경우 프로그래머가 전달해준 통계표를 기본으로 하지만 좀더 보기 좋게 편집하여, 강조할 것을 두드러지게 하고, 다른 질문과의 비교를 통해 더 나은 정보를 제공하기도 한다.

보고서의 구조

보고서의 순서는 보통 다음과 같다. 표지 다음에는 차례가 나오고 그 다음엔 조사개요, 주요 결과 요약 그리고 본문 문항별 분석 순이다. 그리고 보고서 마지막에는 질문지와 전산통계표가 붙는다. 보고서의 양이 많을 때에는 질문지와 통계표를 따로 분책하여 만들기도 한다.

조사개요에는 조사일시, 표본수(몇 명을 조사했는지), 표본추출방법 등이 실린다. 신문기사에 자주 나오는 "이번 조사는 3월 7일부터 8일 사이에 전국 성인남녀 1,000명을 대상으로 이루어진 것으로써 표본오차는……" 하는 등의 말은 여기에서 가져온 것이다.

주요 결과 요약에서는 각 질문에 대한 답을 간략하게 한두 쪽에 걸쳐 볼 수 있도록 한다. 본문 문항별 분석에서는 각 문항마다 한두 쪽에 걸쳐서 먼저 전체 결과를 말과 그래프로 보여주고 다음에 성별, 연령별, 지역별 등 응답자 특성별 결과(하위그룹 분석)를 말과 표로 보여준다. 앞서 전산과정 설명시 언급한 바와 같이 특성별 분석에서는 성, 연령, 지역, 소득, 종교 등 외에 정당 지지도 등 원래 하나의 독립된 문항인 것을 가지고 분석할 수도 있다. 그렇게 하면 예컨대 "OO당 지지자 중에서는 이OO 후보의 지지율이 몇 %고……" 하는 식의 분석이 가능하다.

보고서의 목적은 쉽게 보여주는 것과 분석하는 것, 이렇게 두 가지라고 하였는데, 분석은 단순하게 숫자를 나열해서는 쉽게 찾을 수 없는 숫자의 의미와 그 방향 등을 파악하는 것이다. 이는 의뢰자에게 도움이 될 수도 있고 별 의미가 없을 수도 있다. 분석을 잘 하려면 연구원이 많이 생각해야 하므로 빠른 결과를 요하는 조사일수록 단순히 '보여주는' 보고서가 될 수 있다. 이렇듯 보고서는 단순히 쓸 수도 있고 많이 생각해서 쓸 수도 있다.

■ 보고서 작성과정의 주연과 조연

연구원은 전산결과표를 검토 분석하여 보고서의 윤곽을 짜고 보고서를 어떤 형식과 내용으로 만들지를 결정한다. 많은 경우 보고서의 기본 형태는 회사마다 정해져 있고 실제 대부분의 보고서는 유사한 분야의 이전 보고서를 바탕으로 만들어진다.

타이피스트는 연구원의 시간을 단축시켜주는 역할을 한다. 한글은 물론이고 워드나 엑셀, 파워포인트 등을 다루는 데 능숙해야 한다. 보고서에 등장하는, 그래서 간혹 언론에까지 옮겨지는 그래프들은 이들이 만든다(물론 대부분의 언론은 자체 그래픽팀이 있다). 그리고 이들은 조사과정의 여러 손가는 일들을 맡아 처리하기도 한다. 보조직이지만 이들과 연구원의 호흡은 매우 중요하다. 작은 회사에서는 이러한 인원이 없는 경우도 있다.

■ 산 보고서, 죽은 보고서

앞에서 언급한 바와 같이 보고서는 기존의 보고서를 기초로 만들어진다. 사실 설문부터 전산까지 모든 과정이 그 기관에서 나름대로 정해진 표준절차와 방법에 따라 진행된다. 이러한 방법은 효율적이기도 하고 기관의 노하우를 축적해가는 방법이기도 하다.

보고서도 기존의 형식을 바탕으로 만들어진다. 하지만, 이 경우에 자칫 단순히 기존 형식에 수치만 바꾸어낸 보고서가 만들어질 수 있다. 숫자를 말로 얼기설기 엮어서 만들어내는 보고서, 즉 머리로 생각한 보고서가 아닌 손으로 '쳐낸' 보고서가 되는 것이다. "지역경제라는 응답이 45.3%로 가장 높게 나타났다", "다음으로는 교육환경이라는 응답이 20.5%로 높게 나타났고, 다음은⋯⋯" 하는 식의 서술은 어느 보고서에서나 볼 수 있는 단순한 서술적 표현이다. 하지만, 보고서가 이런 어구로만 가득 차 있다면? 빨랫줄에 빨래 널듯이 숫자를 말로 엮어서 제출하면 타이핑 연습에는 도움이 될지 모르지만 보고서의 가치를 높일 기회는 잃게 된다. 조사 보고서의 관용구인 "나타났다"는 말을 너무 쓰면 결국 '나타났다 보고서'가 되어버린다.

한 가지 문항의 결과를 보고도 많은 것을 알아낼 수 있다. 그리고 다른 문항의 결과와 비교하면 새로운 지식도 얻을 수 있다. 그리고 여러 문항의 결과를 자세히 관찰하면 단순히 오차범위만으로는 설명할 수 없는 미묘한 흐름도 감지할 수 있다. 이러한 것들은 사실과 사실의 결합으로 나타나는 것으로 상상의 산물과는 거리가 있다.

하지만 이를 말로 적극적으로 풀다 보면 자칫 사실의 범위를 넘어서는 실수를 할 수도 있다. 보고서의 언어는 절제되어야 한다. 대신 표 등을 활용하여 한편 객관성을 유지하면서도 나름대로 강조해서 표시할 수 있다.

한편 무리한 이유 달기나 정치적 예언은 글쓴 이의 정치적 관심과 상상력을 나타낼지는 몰라도 숫자 분석의 범위는 넘어서는 것이다. 보고서보다는 간혹 기사에 나타나는 이러한 언급은 여론조사 보고서에는 어울리지 않는다. 이는 연구원의 몫이 아니다. 태만도 월권도 아닌 건강한 긴장이 바람직하다.

■■ 당신이 원하는 것은?

이렇게 말하면 의뢰자는 당연히 분석적인 보고서를 원하지 않을까 생각할 것이다. 하지만 조사팀의 숙련도와는 상관없이 한 가지를 할 때와 여러 가지를 할 때 걸리는 시간은 당연히 다르다. 따라서 의뢰자는 조사회사에 무엇을 원하는가를 명확히 해야 한다. 빠른 결과를 원하는지 아니면 결과를 놓고 같이 고민해주는 것을 원하는지를 잘 전달하는 것이 중요하다.

빠른 결과를 원한다면 설문은 단순히, 실사도 할당이 채 맞지 않더라도 빨리 마감하고, 보고서는 요약적으로 간략히 작성하거나 아니면 아예 생략하고 전산결과표만 전해줄 수도 있다.

정확한 결과와 의미 있는 분석을 원한다면 시간이 좀더 걸리더라도 감내해야 한다. 충분한 시간과 충분한 표본, 그리고 이를 뒷받침하는 적절한 예산도 필요하다.

저렴한 가격을 원한다면 질문의 수와 형식은 단순하게, 표본은 500명 정도로 작게, 보고서는 생략하면 가격 협상시 가장 유리할 것이다. ARS조사를 한다면 같은 표본수라도 전화조사의 절반 정도 비용으로 할 수 있다.

의뢰인은 모든 것을 한 번에 얻을 수 없다는 것을 명심해야 한다. 우선순위를 정해야 한다는 것이다. 저렴한 가격에 모든 것을 잘해주기를 원한다면 결국 아무것도 원하지 않는 것과 같다.

다음 예는 만들어진 보고서의 일부이다. 사실 중심으로 만들어진 아주 요약적인 보고서이다.

◆ 가상대결 ◆

주OO(37.4%) ⟨ 우OO(62.6%)

주OO(38.4%) ⟨ 장OO(61.6%)

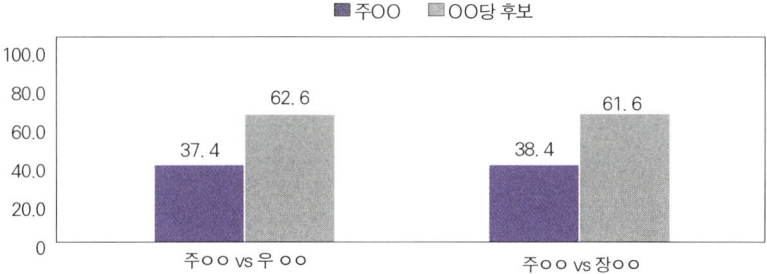

■ 주OO ■ OO당 후보

: 가상대결 결과 OO당 후보가 누구냐에 상관없이 주OO 후보는 OO당 후보들에게 20% 이상 뒤짐.

전체(%)	주OO	OO당 후보	차이
주OO vs 우OO	37.4	62.6	-25.2
주OO vs 장OO	38.4	61.6	-23.2

➡ 응답자 특성별로도 ○○당 후보가 누구냐에 상관없이 전반적으로 ○○당 후보군에 뒤지고 있음.

➡ 반면 20대의 경우 주○○ 후보와 ○○당 후보 간의 지지율 격차가 거의 없음.(대 우○○ 격차 -2.2%, 대 장○○ 격차 -2.4%)

20대(%)	주○○	○○당 후보	차이
주○○ vs 우○○	48.4	50.6	-2.2
주○○ vs 장○○	48.8	51.2	-2.4

3

**알수록 재미있는
여론조사 주제들**

2006년 9월 태국에서 쿠데타가 일어났다. 총리가 축출되고 군대가 거리를 지켰다. 다른 나라라면 극심한 혼란이 일어날 수 있는 상황임에도 태국사회는 크게 동요하지 않고 빠르게 안정되었다. 국민 존경의 결정체라고 할 수 있는 국왕이 있었고 그가 쿠데타를 지지하였기 때문이다. 국왕은 성명을 통해 "……총리에게 부여한 권력을 거두어들인다"고 말했다.

한국에서도 같은 해 대통령의 신임을 받던 총리가 물러났다. 하지만, 실세 총리 사임의 결정적 역할을 한 것은 대통령이 아니었다. 몇 줄의 여론조사 기사가 그 배경에 있었다. 그 여론조사를 통해 국민은 자신이 총리에게 부여한 신임을 거두었다는 것을 알렸다. 대통령의 신임은 얻었으나 국민의 신임을 잃은 총리는 곧 사임했다.

이제부터는 이러한 우리 현실의 여론조사에 대해 살펴본다. 우리의 정치와 사회에 실제로 영향을 미치는 여론조사의 다양한 모습을 이야기할 것이다. 투표보다 더 큰 힘을 갖게 된 경선조사, 우리를 설레게 하는 출구조사, 그리고 이런 모든 여론조사를 과연 믿을 수 있는가 하는 것 등이 여기서 다룰 주제이다. 여기서 알게 되는 흥미로운 지식은 현실사회에 대한 당신의 발언권을 높여줄 것이다.

여론기사 잘 **쓰고**
잘 **읽기**

■■ 여론, 총리를 해고하다

국민여론은 민주사회에서 모든 권력의 원천이며 여론조사 결과는 국민여론의 음성이다. 한편 현실 정치에서 언론의 영향력 또한 막강하다. 만약 여론조사와 언론이 만나면 어떤 결과가 나올까? 단순 기사나 사설만으로도 강력한 힘을 발휘하는 언론이 여론과 손을 잡는다면?

이때 언론이 표면적으로 하는 역할은 여론의 대변인이다. 하지만, 단순한 비서가 아니다. 절대자의 대변인이다. 당연히 그 힘과 권위가 막강할 수밖에 없다. 독재정권에서는 최고 권력자와 가장 가까이 있는 사람이 권력을 가지지만, 민주사회의 언론은 여론을 전달해주면서 권위를 더 확보한다. 그리고 이러한 권위는 언론이 여론조사를 실시하는 이유와도 관련이 있다. 먼저 언론매체가 여론조사를 실시하는 이유를 한번 정리해보자.

왜 언론은 여론조사를 실시할까?

첫째, 여론조사는 흥미 있고 기사화되기 쉽기 때문이다. 논란이 되는 사건에 대하여 국민의 의견을 묻는 것은 대법원이나 헌법재판소에 사안을 올리는 것과 같다. 국민의 최종 판결을 기대하는 것이다. 물론 판결의 강제성은 없지만 쟁점 사안인 만큼 많은 관심을 모은다. 그리고 설령 중요한 사안이 없어도 여론조사는 언제라도 실시할 수 있다. 거의 매년 있는 각종 선거에 관한 후보 지지도 조사, 정당 및 대통령 지지도 조사 등 물을 수 있는 사안들이 많다. 일반기사가 사건이 없으면 만들어지기 힘든 데 반해 여론조사는 언제나 할 수 있고 그 결과를 가지고 많은 기사를 쓸 수 있다.

둘째는, 언론은 자신이 원하는 바를 이야기하고 싶을 때 여론조사를 한다. 여론을 물어서 그것을 주장의 근거로 삼는 것이다. 한 번의 여론조사에는 여러 문항이 들어간다. 특정 문항에서 신문사의 주장을 뒷받침하는 결과가 나오면 그것을 크게 보도한다.

여론기사의 힘 – 여론, 총리를 해고하다

이제 언론과 여론조사가 함께 갈 때 보여주는 힘에 대해 예를 들어보자. 먼저 이해찬 총리의 3·1절 골프파동의 예다. 2006년 3월 1일, 이해찬 당시 총리는 부산 상공인들과 골프모임을 가졌는데 이것이 문제가 되어 결국 총리사퇴 주장까지 나오게 되었다. 여야의 공방에 더하여 검찰수사까지 겹치면서 문제가 점점 더 심각해졌다. 이 총리는 사과문을 발표하면서 거취에 대한 직접적인 의사표명 없이 노 대통령이 해외순방에서 귀국하면 이야기하겠다고 밝혔다.

대통령이 귀국하기 직전(11~12일)《경향신문》이 여론조사를 실시하였고 그 결과가 대통령 귀국 하루 전인 13일에 발표되었다.

—— 국민 59% "李총리 사퇴해야"

국민들 10명 중 6명은 '3·1절 골프' 파문을 일으킨 이해찬 총리가 사퇴해야 한다고 생각하는 것으로 나타났다.

경향신문과 여론조사기관인 메트릭스가 지난 11~12일 이틀 동안 전국의 19세 이상 성인 1,250명을 대상으로 이총리의 사퇴 여부에 대해 실시한 긴급 여론조사 결과 이같이 분석했다. 여론조사 신뢰구간은 95% 신뢰도에서 표본오차 ±2.77%이다.

◆ 이해찬 총리 거취는?

좀더 사실을 확인해야 한다 10.6
모름 6.8
사퇴할 필요는 없다 23.8
%
사퇴해야 한다 58.8

조사 결과 이총리가 '사퇴해야 한다'는 응답은 58.8%였고, '사퇴할 필요 없다'는 응답은 23.8%였다. 10.6%는 '좀더 사실을 확인해야 한다'고 밝혔다.

이같은 수치는 여론조사기관이 달라 직접 비교는 어렵지만 '리서치&리서치'가 지난 8일 공개한 '사퇴해야 한다'(52.8%)는 의견보다 6% 포인트가량 늘어난 것이다.

-《경향신문》, 2006년 3월 13일, 이재국 기자

그리고 이 기사[x]가 난 다음 날 (대통령이 귀국한 14일) 오전 총리는 사의를 표명했다.

《경향신문》에서는 이 조사에서 당시 성추행 파문으로 문제가 된 최연희 의원의 사퇴 여부에 대해서도 조사를 실시했다. 최연희 의원에 대해서는 이해찬 총리보다 더 많은 사퇴여론이 있었다.[12] 하지만, 이미 한나라당 당직을 내놓고 탈당까지 한 최 의원은 의원직마저 내놓진 않았다.

여론기사의 힘 – 방북 시기는 여론이 최종 결정한다

《경향신문》과 메트릭스는 그 한 달쯤 전에도 김대중 전 대통령의 방북 시기 등을 놓고 조사를 실시했다. 방북을 그해 5월의 지방선거 이후로 연기해야 한다는 여론이 3분의 2 정도였다. 다음은 당시 《경향신문》 2월 20일자 기사[xi]이다. 방북 자체에 대해서는 찬성여론이 높았지만 시기는 지방선거 이후로 해야 한다는 것이 많은 국민의 의견이었다.

—— "DJ방북 지방선거 이후에" 67%

"김대중 전 대통령의 북한방문에 찬성한다. 그러나 방북 시기는 4월보다는 5.31 지방선거 이후가 좋겠다." "양극화 해소는 정말 시급한 과제다. 다만 그 재원 마련을 위해 정부예산부터 절감하는 것이 먼저다."

경향신문이 리서치 전문기관인 '메트릭스' 에 의뢰한 긴급현안 여론조사 내용

---

12 사퇴해야 한다는 의견이 80% 이상이었다.

을 19일 분석한 결과 이같이 나타났다. 이번 조사는 지난 15~16일 이틀간에 걸쳐 전국의 만 19세 이상 성인남녀 906명을 대상으로 전화조사 방식으로 이뤄졌다.

-《경향신문》, 2006년 2월 20일, 이재국 기자

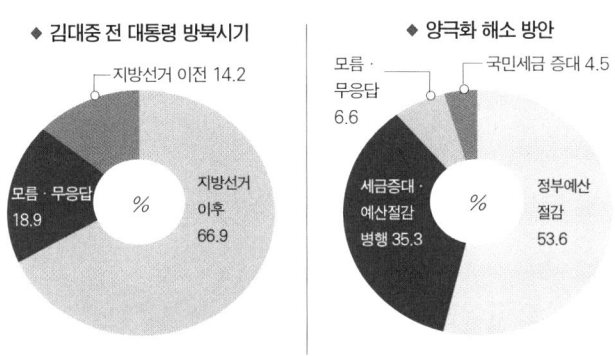

이 기사가 난 당일(20일) 김대중 전 대통령은 방북을 연기하겠다고 발표했다. 기사게재 직후에 발표된 결정이라 과연 여론조사의 영향일까 하는 생각도 들지만 김 전 대통령의 언급은 과연 여론조사의 영향을 받았다는 것을 확인할 수 있게 한다. 다음은《중앙일보》기사[xii]이다.

── DJ "국민 여론에 따라 방북 연기"

김대중 전 대통령은 23일 4월로 추진하던 방북 계획을 6월로 연기한 데 대해 "국민이 원하는 것이 옳다"고 말했다. 김 전 대통령은 이날 취임 인사차 동교동 김대중 도서관을 방문한 열린우리당 정동영 의장이 "야당 때문에 방북 계획을 연기하셔서 유감"이라고 하자 "여론조사 등을 보니 지방선거 이후에 가라는 여론이 많아 연기했다"며 이같이 답했다. 김 전 대통령은 이와 관련, "정치 지도자는 국민 속에서 지지를 얻어 이미지를 세워 나가면 미래가 있다"고 조언했다.
이날 예방에는 김근태 최고위원과 김한길 원내대표, 염동연 사무총장 등도 동행했다.

-《중앙일보》, 2006년 2월 24일, 채병건 기자

그러나 결국 여론조사 결과가 나오더라도 여론의 판단을 존중할 것인지는 당사자의 결정에 달려 있다. 이해찬 총리와 김대중 전 대통령의 경우 좀더 장기적인 안목에서 한 보 물러난 것이라고 본다. 위 기사에 나온 김 전 대통령의 말을 그대로 옮겨보자. "정치 지도자는 국민 속에서 지지를 얻어 이미지를 세워 나가면 미래가 있다."

어찌 되었든 여론조사 결과는 법원의 판결 같은 강제성은 없지만 정치적 결정에 큰 영향을 미친다. 그래서 많은 사람들은 자신들이 옳다는 것, 또는 자신들이 국민의 지지를 받고 있다는 것을 알리기 위해 여론조사를 실시하고, 이를 기사화하려 한다. 다음 《프레시안》[xiii]의 기사는 그 한 예이다.

—— 국민 77.6% "이랜드 사태, 정부·사측에 책임"

10명 중 6명이 "공권력 투입 잘못"… "노조 요구 정당"

좀처럼 해법을 찾지 못하고 장기화되고 있는 이랜드 노사갈등이 29일 새벽 노조의 뉴코아 킴스클럽 강남점 재점거로 다시 확대되고 있는 가운데 국민의 10명 중 7명이 이번 사태의 책임이 정부와 이랜드 사측에 있다고 인식하고 있는 것으로 조사됐다.

시민사회단체들도 구성된 '뉴코아 이랜드 유통서비스 비정규 노동자 노동기본권 보장을 위한 공동대책위원회(이랜드 공대위)'는 29일 오후 뉴코아 강남점 농성장 앞에서 기자회견을 갖고 여론조사기관 한길리서치에 의뢰해 실시한 여론조사 결과를 공개했다.(☞관련기사 : 이랜드 노조,, 29일 새벽 뉴코아 강남점 재점거, '이랜드 갈등'에 대한 더 많은 기사를 보시려면…)

-《프레시안》, 2007년 7월 29일, 여정민 기자

하지만 이 조사결과는 더 이상의 주목을 받지 못했다. 무슨 까닭일까? 여러 요인이 있겠지만 조사의 관점에서 보면 조사의 객관성을 의심받았기 때문일 것이다. 즉 여론조사의 주체가 갈등의 한쪽이라는 점이 문제였다고 본다. 조사가 실제 정확하게 되었는지와는 상관없이 갈등의 한쪽에 선 측이 조사를 했다는 점에서 설득력이 부족했다. 차라리 이 조사를 언론사 중 한 곳이 수행했더라면 더 강한 힘을 발휘했을 것이다. 비록 논란은 있지만 언론은 당사자보다 객관성과 공정성에서 우위에 있다.

조사와 기사가 서로 협력하여 엄청난 시너지를 발휘하는 이유는 조사 자체가 내포하고 있는 과학적 객관성에 합하여, 언론기관에 대한 국민의 기본적 신뢰가 있기 때문이다. 하지만 이해 당사자가 실시한 조사는 이보다 객관성을 인정받기가 더 힘들다. 실제 객관적으로 실시되었는가와는 별개의 문제다.

그렇다면 언론은 언제나 여론조사라는 '무한한 권력의 샘'을 향유하는가? 답은 '그렇지는 않다'이다. 언론 자체의 공정성도 문제가 되기 때문이다. 요즘처럼 언론기관이 그 성향에 따라 구별되는 시대에는 더욱 그렇다. 그래서인지 《조선일보》 등 몇몇 대형 언론은 몇 개의 조사기관과 번갈아가며 조사를 진행한다. 그것도 가장 지명도 높은 조사기관들과만 한다. 마치 조사의 정확성을 보란 듯이 자랑하는 것 같다.

하지만 이렇게 화려한 조사를 할 수 있는 언론은 많지 않다. 재정적인 문제 때문이다. 몇 곳을 제외한 서울의 종합 일간지들만 해도 기사가 조사회사의 홍보에 도움이 된다는 점을 내세워 시장가보다 훨씬 낮은 가격으로 여론조사를 가끔 수행할 뿐이다. 그 외 대부분의 언론은 타 기관이 조사한 바를 옮기는 식으로 여론조사를 기사화한다.

■ 센스 있는 여론기사

여론조사를 자주 수행하는 것은 어렵다. 하지만, 여론기사를 자주 쓰는 것은 가능하다. 타 기관의 조사를 인용하면 되기 때문이다. 물론 신속성 면에서 뒤지겠지만 기사를 잘 쓰면 돈이 해결하지 못하는 것을 어느 정도 메울 수 있다. 반면 여론조사를 직접 실시한 언론기관의 입장에서는 자신들이 실시한 조사를 가지고 그만큼 더 흥미 있는 기사를 쓰고자 할 것이다.

그리고 독자의 입장에서는 여론기사가 다른 사람들이 어떤 생각을 품고 있는지 과학적이고 객관적으로 알 수 있는 거의 유일한 통로이다. 하지만, 바빠서 조사에 잘 응하지도 않는 현대인들은 재미

없고 잘 이해할 수도 없는 기사를 읽는 데 시간을 보내지는 않는다.

그래서 여론기사를 잘 쓰는 것은 조사를 제때에 정확하게 수행하고 이를 신속하게 보도하는 것만큼 중요하다. 이를 위해 언론기관에서는 여론조사 전문기자[13]를 두기도 한다.

첫 세 줄에 모든 내용을 담아내다

가장 중요한 결과를 헤드라인으로 뽑는 것은 당연한 일이다. 그리고 중요한 내용을 기사의 앞부분에 배치하는 것 또한 당연한 서비스다. 하지만 여론기사 중 특히 잘 쓴 예를 한번 들어보자.

미국 대선 관련 여론 조사결과에 대한 《USA 투데이》 기사[xiv]의 앞부분이다. 민주당 대선후보로 힐러리와 오바마 중 누가 뽑힐 것인가에 많은 관심이 몰려 있는 가운데 갤럽에서 여론조사를 실시했다. 이 결과를 보도한 기사는 수십 개이지만 다음이 가장 괜찮아 보인다.

Poll: Dems favor Clinton over Obama
By Susan Page, USA TODAY

WASHINGTON–New York Sen. Hillary Rodham Clinton has signifcantly widened her lead over lllinois Sen Barack Obama for the Democratic presidential nomination in the wake of a dispute over handling foreign policy, a USA TODAY/Gallup Poll finds

The survey, taken Friday through Sunday, puts Clinton at 48% –

---

13 중앙일보의 신창운 기자와 조선일보의 홍영림 기자 등이 그 예이다.

up 8 percentage points from three weeks ago – and Obama at 26%, down 2 points. Among Democrats and independents who "lean" Democratic, former North Carolina senator John Edwards is at 12%.

POLL RESULTS: The 2008 race

먼저 여론조사에 관한 기사라는 것을 알리고(Poll) 전체 여론조사에서 가장 관심을 끄는 결과(민주당 지지층에서 힐러리 클린턴이 앞서고 있다)를 제목에 배치하였다. 그리고 첫 세 줄에서 양자의 지지율 차이가 커졌다는 추세 및 그 이유(외교정책)에 대한 설명까지 시도하고 있다. 사람들이 궁금해할 내용인 주요 결과, 추세, 이유 등을 앞 몇 줄에서 모두 설명하고 있다. 세부적인 숫자는 뒤에 나와서 숫자를 싫어하는 사람들도 조사결과에 쉽게 접근할 수 있다.

다른 예로 다음의 국내 한 일간신문 기사[xv]를 보자. 위의 《USA 투데이》 기사와 편제가 유사하다.

타이틀에 후보들의 지지율이 간략하고도 명확하게 제시되어 있고 그 다음에 색을 달리하여 "후보 등록 뒤 첫 여론조사"라는 중요성을 설명하고 있다. 이는 이 신문이 여론조사를 이 시점에 실시한 이유이기도 할 것이다. 적절한 타이밍이다. 그리고 본문 첫 문장에 핵심적인 내용요약이 잘 되어 있고, 단락을 달리하여 구체적인 수치가 이어진다. 동시에 본문 오른쪽에는 지난 10일 동안의 지지율 변화를 산뜻한 그래프로 제시하고 있다. 매우 훌륭한 기사다.

—— 李 39%- 昌 21%- 鄭 17%

후보 12명 등록뒤 첫 여론조사

제17대 대선에 등록한 12명의 후보를 상대
로 처음 실시한 지지도 여론조사 결과 '1강
2중 다약(多弱) 구도' 가 지속되고 있다.

'오늘 투표한다면 누구를 찍겠는가' 라는
지지도 질문에 이명박 한나라당(39.6%), 이
회창 무소속(21.0%), 정동영 대통합민주신
당(17.8%), 문국현 창조한국당(7.1%), 권영

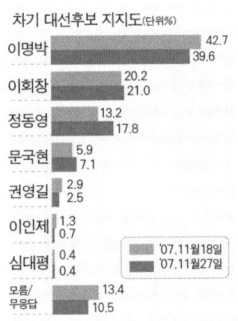

차기 대선후보 지지도 (단위%)

길 민주노동당(2.5%), 이인제 민주당(0.7%), 심대평 국민중심당(0.4%) 후보 등
이다. 이수성·정근모·허경영·전관·금민 후보 등 군소후보들은 통계상 유
의미한 지지율이 잡히지 않았고, 5명을 모두 합해 0.4%에 불과했으며, '지지후
보없음·무응답' 은 10.5%이다.

─《문화일보》, 2007년 11월 28일, 김상협 기자

그런데 이렇게 좋은 기사에 약간 아쉬운 점이 있다. 제목에서 후
보 3명의 지지율을 정수로 표기하고 있다. 물론 잘못된 것은 아니다.
앞서 《USA 투데이》의 예에서처럼 외국의 조사결과에서도 소수점 이
하를 표시하지 않는 경우가 있다. 그러나 이명박 후보의 지지율은
39.6%이므로 정수로 표시하려면 40%가 되어야 한다. 정동영 후보
의 지지율은 17.8%이니 18%로 반올림되어야 한다. 세심한 확인이
필요한 경우라 할 수 있다.

보기 좋은 떡이 먹기도 좋다

여론기사는 쉽지만 때론 어렵다. 단순 결과는 이해하기 쉽지만 여러 결과를 비교하거나 할 때는 말로만 하는 것은 눈에 잘 들어오지 않게 마련이다. 더구나 신문기사를 교과서 읽듯이 신경 써서 읽고 정리하는 사람은 없다. 그런 경우엔 그림이나 표로 설명하는 것이 좋다. 왜 조사기관이 제출하는 결과보고서에 표와 그림이 들어 있겠는가? 숫자만 나열하면 건조하고, 말만 나열하면 순발력이 떨어지기 때문이다.

2007년 한나라당 대선후보 경선여론조사에서 어떤 설문 어구를 써야 할 것인지가 큰 논란이 되었다. 이명박 후보 측과 박근혜 후보 측이 주장하는 문구가 서로 달라 결정하는 데 어려움이 있었다. 왜 그랬을까? 설문이 다르면 결과가 다르기 때문이다. 그냥 다른 것이 아니라 어떤 설문을 쓰느냐에 따라 지지율이 달라진다면 자신에게 유리한 문구를 주장하는 것은 당연하다.

그런데 어떤 문구가 누구에게 유리하고 왜 그런지를 이해하기는 쉽지 않다. 《중앙일보》 2007년 8월 4일 기사[xvi]가 이를 가장 잘 설명하고 있다.

이 기사는 그간 여러 조사의 결과를 하나의 도표로 간결하게 비교하여 설문문구에 따른 지지율 차이를 간결하게 나타내고 있다. 기사에서 설명과 함께 제시된 그림을 보자.

이명박-박근혜 후보의 지지율 격차가 선호형 설문을 썼을 때 더 크다는 것을 잘 정리하여 보여준다. 그리고 한편 간략하면서도 최대한 많은 사실을 포함하려 하는 세심함까지 눈에 띈다.

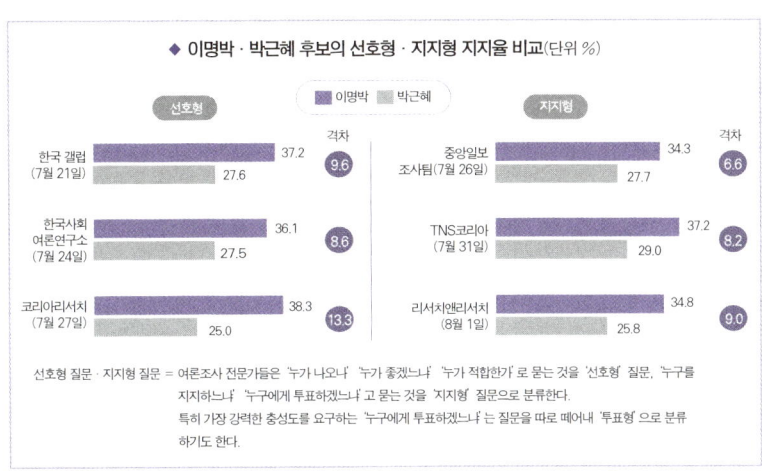

◆ 이명박·박근혜 후보의 선호형·지지형 지지율 비교(단위 %)

선호형 ■ 이명박 ■ 박근혜 지지형

	이명박	박근혜	격차
한국 갤럽 (7월 21일)	37.2	27.6	9.6
한국사회여론연구소 (7월 24일)	36.1	27.5	8.6
코리아리서치 (7월 27일)	38.3	25.0	13.3
중앙일보 조사팀(7월 26일)	34.3	27.7	6.6
TNS코리아 (7월 31일)	37.2	29.0	8.2
리서치앤리서치 (8월 1일)	34.8	25.8	9.0

선호형 질문·지지형 질문 = 여론조사 전문가들은 '누가 나으냐' '누가 좋겠느냐' '누가 적합한가'로 묻는 것을 '선호형' 질문, 누구를 지지하느냐' '누구에게 투표하겠느냐'고 묻는 것을 '지지형' 질문으로 분류한다. 특히 가장 강력한 충성도를 요구하는 '누구에게 투표하겠느냐'는 질문을 따로 떼어내 '투표형'으로 분류하기도 한다.

숫자를 읽는 눈이 돋보이는 기사

17대 대통령 선거에서도 방송사들과 조사기관들은 언제나 그러하듯이 예측조사를 하였고, 그 결과는 언론을 통해 발표되었다. 다른 해와 다른 특징은 투표장에서 나오는 사람들을 대상으로 면접방식으로 물어보는 출구조사뿐만 아니라 휴대전화 조사도 실시했다는 것이다. 거기에 갤럽의 자체 전화조사까지 더하여 세 가지 조사방법을 비교할 좋은 기회가 되었다.

예측조사를 수행한 네 기관 모두 이명박 후보의 큰 표차 승리를 예상하였고, 예측한 바와 같이 이명박 후보가 승리를 거두었다. 선거운동 기간 내내 이 후보가 큰 차이로 선두를 달리고 있었기 때문에 굳이 조사를 통하지 않고도 예측할 수 있는 결과였다.

그런데 예측조사는 그 자체로 기사가 될 뿐 아니라 '예측조사에 대한 기사'도 만들어낸다. 예측조사 결과와 실제 개표 결과가 어떤 차이가 있었는지, 어느 기관이 더 정확히 맞추었는지 등이 이런 '기사에 대한 기사'의 내용이 된다. 여기서 말하고자 하는 것은 그것이다. 여러 좋은 기사가 있었지만 그 중 다음 《한겨레신문》 12월 20일 자 기사[xvii]가 가장 눈에 띄었다. 왜 그럴까? 다음은 이 기사의 일부이다.

—— '출구조사' 정확도 2002년보다 낮았다

"승부 결정된 탓 응답률 낮아"…첫 휴대전화 조사결과 비교적 정확

이화주 기자

지난 19일 투표 마감시간인 6시에 일제히 발표된 방송사 출구조사는 2002년 대선 때보다는 정확성이 조금 떨어졌다. 조사결과, 공통적으로 이명박 당선자의 득표율은 실제 투표결과보다

◆ 방송사 예측조사 결과

	이명박	정동영	이회창
투표 결과	48.8	26.1	15.1
MBC · KBS 공동 (코리아리서치센터 · 미디어리서치)	50.3	26.0	13.5
SBS (티엔에스코리아)	51.3	25.0	13.8
YTN(한국리서치)	49.0	25.3	12.7
갤럽 자체 예측	51.3	25.1	13.5

* 코리아리서치센터 · 미디어리서치, 티엔에스 코리아는 출구조사로 진행
* 갤럽 자체 예측조사는 전화조사로만 진행
* 한국리서치는 휴대전화 출구조사

1~3%포인트 높게, 이회창 후보는 1~2%포인트 낮게 나타났다.
〈문화방송〉과 〈한국방송〉이 코리아리서치센터, 미디어리서치에 의뢰해 공동으로 실시한 출구조사에선 이명박 50.3%, 정동영 26.0%, 이회창 13.5%로 나타났다. 〈에스비에스〉와 티엔에스코리아의 출구조사에선 이명박 51.3%, 정동영 25.0%, 이회창 13.8%로, 이명박 당선자의 득표율이 과반을 넘을 것으

로 예측했었다.

이런 결과에 대해, 미디어리서치의 김지연 이사는 "대결이 팽팽했던 2002년과 달리, 이번 대선에선 후보들간 격차가 벌어지면서 지지율이 낮은 후보 지지자들이 대답을 안 하거나, 조사에 응하지 않은 경우가 있었다고 본다"며 "이런 이유로 이회창 후보 득표율이 투표결과보다 낮게 나타난 것"이라고 했다. 티엔에스코리아의 이상일 이사도 "승부가 결정된 선거다 보니, 지지율이 낮은 후보 지지자들이 조사를 회피하는 경향이 있었던 것으로 보인다"고 했다.

일단 한눈에 살펴보면 알겠지만 기사 전반적으로 쓴 사람의 부지런함과 친절함이 돋보인다. 여러 기관의 조사를 모아서 하나의 표로 정리한 점과, 몇 명의 조사기관 전문가들까지 인터뷰해낸 점이 그것이다.

하지만, 이 기사가 뛰어난 것은 단순한 성실함을 넘어선 내용상의 무엇에 있다. 숫자를 읽는 눈이 뛰어나다는 점이다. 앞에 제시된 표를 먼저 보자. 독자는 무엇을 발견할 수 있는가?

당선자인 이명박 후보는 네 조사 모두에서 예상 득표율이 실제 득표율보다 높다. 반면 나머지 두 후보는 반대로 모든 조사에서 실제 득표율이 예상 득표율보다 높다. 비록 그 차이는 크지 않지만 모든 숫자가 일정 방향을 가리킨다면 그 숫자들이 말하는 바가 있을 것이다.

어째서 선거 레이스 내내 선두를 달리던 이명박 후보의 실제 득표율은 예측조사보다 낮고, 다른 후보들은 높을까? 투표마감 직전, 예측조사는 이미 끝난 후에 타 후보지지자들이 투표장에 더 몰려서 그랬을까?

여러분은 알 것이다. 많은 사람의 의견과 다른 주장을 내세우려면 조금 더 용기가 필요하다는 것을. 물론 '나는 그렇지 않아'라고 자신하는 사람도 있을 것이다. 하지만, 적어도 타인은 그렇게 느낄 수도 있다는 것은 인정할 것이다.

선거에서도 마찬가지다. 비록 권위주의 시절에 존재하던 정치적 압력은 없더라도 사회적 소수가 되길 꺼리는 심리와 그를 뒷받침하는 미세한 사회적 압박까지는 어쩔 수 없을 것이다. 즉 지지자가 상대적으로 적은 후보를 찍은 사람들은 자신의 의사를 드러내기를 조금 더 망설였을 것이고, 이러한 미묘하고도 작은 차이가 쌓여서 수치의 작은 차이를 만들어낸 것이다.

이를 발견한 위의 기사에서는 "……공통적으로 이명박 당선자의 득표율은 실제 투표결과보다 1~3%포인트 높게, 이회창 후보는 1~2%포인트 낮게 나타났다"고 언급했다. 여기서 정동영 후보를 함께 언급하지 않는 것은 수치해석시의 조심성 때문일 것이다. 그리고 그 이유를 조사기관 전문가들의 입을 통하여 말하였다.

한 기관만의 결과라면 이렇게 말할 수 없을 것이다. 하지만, 출구조사, 전화조사, 휴대전화 조사 등 다양한 조사방법을 동원한 모든 조사기관의 결과가 일정한 방향을 가리킨다면 그 결과는 이렇게 해석하는 것이 정당할 것이다.

수치의 바다에서 공통된 방향을 발견해 낸다는 것, 이것은 수치를 대하는 사람의 식견을 알 수 있는 좋은 예이다.

■■ 여론기사 읽기

95% 신뢰도에 오차는 ±3.1%p라…….

> "이번 조사는 10~11일 전국 19세 이상 남녀 1,000명을 대상으로 전
> 화 면접조사 방식으로 실시됐으며 표본오차는 95% 신뢰수준에서 ±
> 3.1% 포인트이다."

여론조사 기사 끝에는 꼭 이런 말들이 붙는다. 조사가 어떻게 진행되었는가 하는 것을 알려주는 좋은 설명이다. 하지만, 문제는 잘 이해가 안 된다는 것이다.

하나씩 살펴보자. 앞부분은 비교적 쉽다. '10~11일'은 당연히 조사시기를 나타내고, '전국 19세 이상 남녀'는 조사대상(다른 말로 모집단)을 나타낸다. 그러므로 내가 19세 이상이라면 나도 이 조사의 대상에 포함되어 있었다는 것이다. 그리고 1,000명은 조사대상 중 표본으로 뽑혀 조사에 참여한 사람의 숫자다. 내가 조사대상이었지만 이 조사에 참여하지 못한 것은 표본 1,000명에 들지 못했기 때문이다. 그리고 '전화 면접조사 방식'은 조사의 방법이다. 뽑힌 1,000명은 전화를 통해 조사에 참여했다. 결국 내게는 전화가 오지 않았거나 온 전화를 잘 응대해주지 않았다는 말이다.

그런데 뒷부분 '표본오차는 95% 신뢰수준에서 ±3.1% 포인트다'라는 말은 잘 이해가 안 된다. 알아듣게 가르쳐주는 사람도 없다. 이제 의미를 살펴보도록 하자.

일단 '오차는 ±3.1% 포인트다'란 말의 뜻을 알아보자. 1,000명

을 가지고 3,700만 명이 넘는 '전국의 19세 이상 남녀'의 뜻을 알아보는 것이 여론조사다. 이 여론조사에서 얻어진 결과가 전체 유권자의 의사와 정확히 같다고 할 수 있을까? 아니다. 하지만 꽤 비슷하다. 그래서 1,000명만 조사하고도 전체의 뜻을 알 수 있다고 하는 것이다. 어느 정도나 비슷할까? 이를 표시하는 것이 표본오차이다. 즉 3,700만 명 전부를 조사하지 않고 표본 1,000명만 조사하기 때문에 생긴 오차가 표본오차이다. 이것은 표본수가 증가할수록 작아진다. 오차가 ±3.1%p라는 것은 표본을 1,000명으로 조사했을 경우 생기는 오차이고 표본수가 작아지면 오차는 커지고, 표본수가 커지면 오차는 작아진다. 표본수가 점차 커져 조사대상 전체의 수와 같아지면 당연히 오차도 없다. 이러면 더 이상 '표본' 조사가 아니다. 전부를 조사하기 때문이다.

예를 들어보자. 1,000명을 조사한 여론조사에서 이○○ 후보의 지지율이 50%로 나왔다고 하자. 그러면 실제 이 후보의 진짜 지지율, 전 국민을 조사했을 경우 나오는 지지율은 50%±3.1% 사이에 있게 된다. 즉 46.9%부터 53.1% 사이에 있다는 말이다.

그러면 "95% 신뢰수준"이란 무슨 말일까? 예를 들어 설명해보겠다.

활을 잘 쏘는 사람이 있다고 하자. 그 사람이 활을 쏘는데 지켜보는 사람들이 다음과 같은 대화를 나누었다고 하자.

"저 사람이 저 과녁 안에 맞힐 확률이 얼마나 되지?"

"저 정도 큰 과녁은 당연히 맞히지, 내가 99% 장담해."

"그러면, 과녁 안에 있는 저 작은 원을 맞힐 확률은?"

"음…… 아마 95% 정도?"

이 대화에서 보듯이 과녁이 작을수록 맞을 확률이 낮아지는 것은 당연하다. 95% 신뢰도(신뢰수준이라고도 한다)라는 것은 95% 확률로, 99% 신뢰수준이란 것은 99%의 확률로 말한다는 것이다. 여기서는 과녁의 크기가 오차범위라고 생각하면 된다. 즉 앞서 말한 오차가 ±3.1%p라고 하는 것은 95%의 확률로 이리 말할 수 있다는 것이고, 만약 99% 확률로 말하자면 오차는 더 벌어진다. 보통 사회조사에서는 95%를 쓰기 때문에 모든 여론조사 기사에서는 95% 신뢰수준에서의 오차를 계산해 발표한다.

즉 "표본오차는 95% 신뢰수준에서 ±3.1% 포인트이다"란 말은 "95%의 확률로 말하건대, 진짜 수치는 발표되는 수치의 ±3.1% 사이에 있게 된다"는 말이다. 앞서 말한 이OO 후보의 경우 여론조사 결과 50%의 지지율이 나왔으므로, "95%의 확률로 말하건대, 이OO 후보의 정확한 지지율은 46.9%~53.1% 사이에 있다"는 뜻이다. 다른 말로 하면 "이OO 후보의 정확한 지지율은 46.9%~53.1% 사이에 있다"는 말은 95% 신뢰할 만한 말이라는 것이고 그래서 95%를 '신뢰' 수준이라고 한다. 언급한 바와 같이 신뢰의 '수준'을 높이려면 오차를 더 넓게 잡아야 한다.[14]

이제 어느 정도 이해가 되었을 것이다. 다른 예를 살펴보자.

"…… 이번 조사는 지난달 27~28일 성, 연령, 지역별 인구비례에 따른 할당추출법으로 전국 19세 이상 남녀 1,013명을 대상으로

---

14 표본수가 1,000명이라면 99%의 신뢰수준에서는 표본오차가 ±4.08%p로 늘어난다.

조사됐으며 응답률은 22.3%이며, 최대허용 표본오차는 무작위표출 가정시 95% 신뢰수준에서 ±3.08%p이다."

'성, 연령, 지역별 인구비례에 따른 할당추출법'이라는 말은 표본추출의 방법이다. 할당표출에 대해서는 앞서 설명한 바 있다. 그런데 왜 1,000명이 아니고 1,013명인가? 그리고 응답률 22.3%는 무엇인가? 이에 대해서는 조금 후에 설명할 것이다. 그리고 표본오차는 ±3.08%p이다. 앞서 기사의 예(1,000명 조사시 ±3.1%p)보다 오차가 다소 줄었다. 표본수가 늘면 오차가 줄어든다고 설명하였다. 여기에서도 표본수가 13명 늘었으므로 오차가 다소 준 것이다.

근데 '최대허용' 표본오차란 무엇인가? 사실 지지율 등 비율을 예측하는 조사의 표본오차는 표본수뿐 아니라 결과로 나온 비율에 따라서도 달라진다. 즉 이OO 후보의 지지율이 50%일 때의 표본오차와 70%, 90%일 때의 표본오차가 다 다르다. 이중 오차가 최대일 때가 ±3.08%p란 것이다. 다른 말로 하면 ±3.08%는 제시된 신뢰수준 95%에서 나올 수 있는 최대오차란 말이다.

그리고 간혹 '무작위추출을 가정했을 때'라는 토가 또 붙는 경우가 있다. 또 한번의 사실을 말하면 표본오차는 표본추출방법에 따라서도 다르게 나타난다. 우리가 보는 기사의 표본오차는 모두 무작위추출의 오차 계산식으로 나온 것이다. 그러나 실제 조사가 단순 무작위표출로 진행되진 않는다는 것을 이미 앞서 보았다. 따라서 이를 밝혀주는 것이다.

즉 '최대허용', '무작위 추출 가정' 등이란 말은 좀더 독자에게 정확한 정보를 주고자 하는 노력이다. 엄밀한 표현을 위해 써줘야 한다는 말일 수도 있고 반대로 말하면 안 써도 같은 뜻이란 말도 된다.

왜 1,000명이 아니고 1,013명을 조사했지? - 헷갈리는 표본수

전화조사를 쓰는 여론조사의 표본수는 보통 1,000명인 경우가 많고, 700명이나 500명인 경우도 있다. 그런데 간혹 1,013명, 1,002명, 704명 등 얼핏 이해하기 어려운 수를 조사했다는 기사를 읽을 수 있다. 처음부터 1,013명을 목표하고 조사를 시작했을 리는 없는데 왜 그럴까?

실사에서는 할당된 표본수보다 더 많이 조사하는 경향이 있다. 이는 이후 검수과정에서 부실한 응답을 한 응답자들의 조사결과를 빼도 목표한 표본수보다 적어지지 않게 하려는 것이다. 그래서 보통 1,000명을 조사하기로 한 조사가 1,000명이 넘어가는 것이다(물론 반대로 시간 내에 목표치를 못 채워서 조사결과가 딱 떨어지지 않는 경우도 있다. 예컨대 1,000명 조사인데 992명밖에 조사하지 못한 경우 등이다. 이 경우는 가중치를 적용하여 결과를 뻥튀기하거나 992명으로 발표할 수밖에 없다).

검수 과정을 끝내고도 남는 경우는 어떻게 할까? 예컨데 13명이 남았다고 하자. 표본을 계획보다 많이 조사했으니 더 정확한 조사인가? 그럴 수 있다. 하지만, 애당초 정확한 조사를 위해 부여한 인구비에 맞지 않으므로, 즉 인구비에 맞추어 만든 성별, 연령, 지역별 할당과 실제 조사결과가 달라지므로 정확성이 오히려 떨어질 수도 있다. 이 경우 연구원이 취할 수 있는 방법으로는 다음과 같은 것들이 있다.

먼저는 13명을 빼는 것이다. 단순히 시간 순으로 늦게 조사된 설문 13개를 삭제할 수도 있고, 좀더 신중하게는 할당표와 비교해가며 하나씩 제거할 수도 있다.

다음은 1,013명을 그대로 가지고 결과를 산출하고 발표하는 것이다. 가장 쉬운 방법이다.

마지막으로 1,013명을 가지고 결과를 산출하되 다시 1,013명에 대한 인구비례를 계산하여 이에 맞게 '가중치'를 부여하는 것이다(가중치에 대해서는 앞에서 설명하였다). 1,013명을 그대로 가중치 결과로 낼 수도 있고 1,000명으로 바꿀 수도 있다. 이 또한 어렵지 않은 방법이다.

이 세 경우 모두 결과가 달라진다. 같은 조사인데 수치가 달라지는 것이다. 물론 큰 차이는 없겠지만 조사결과에 따라 이해관계가 크게 달라지는 경우라면 심각하게 생각해야 한다. 그렇다면 위의 여러 방법 중 어떤 것이 가장 적당할까? 가장 이상적인 방법은 애당초 목표한 인구비에 맞게 정확히 조사하는 것이다. 그래서 실사가 중요하다. 하지만 그렇지 못한 경우엔? 정답이 없다. 따라서 중요한 조사라면 이 경우 어떻게 할지에 관한 규칙을 먼저 정해놓고 시작하는 것이 바람직하다. 뒤에 언급할 2006년 열린우리당 지방선거 경선조사에서는 이런 경우에 대한 규칙들을 미리 정해놓았기 때문에 좋은 조사라고 보는 것이다.

응답률이란?

표본을 1,000명으로 하기로 하고 나름의 방법을 써서 1,000명을 선정한다고 하여 그 1,000명을 바로 조사할 수 있을까? 그렇지 않다. 제품을 검사하는 것이라면 가능하겠지만 사람을 대상으로 하는 경우에는 그렇지 않다.

우선 각 사람과 연락하기가 힘들 것이다. 그리고 만난다 하더라도 바쁘다거나 귀찮다거나 하여 조사를 거부하는 경우도 있을 것이고, 조사를 시작한다고 해도 조사 중 다른 일이 생긴다거나 조사가 너무 지루하여 그만두고 가는 경우도 있을 것이다. 여기서 나온 것이 응답률이다. 즉 일단 연락이 닿은 사람들 중에서(전화조사라면 일단 통화가 된 사람들 중에서) 끝까지 조사를 잘 마친 사람들의 비율이다.

예컨대 요즘 발표되는 정치여론조사의 응답률은 보통 20% 정도이다. 응답률이 20%라면 1,000명을 조사하기 위해 실제로는 5,000명과 통화했다는 말이다.

어떤 이들은 여론조사의 응답률이 점점 낮아진다고 우려한다. 응답률이 낮다는 것은 무엇을 의미하는가? 단순히 사람들의 관심이 정치와 사회에서 멀어진다는 것이므로 그를 안타까워하는 것인가? 그 이상이다. 이는 조사의 질과도 관련이 있다. 응답률이 낮다는 것은 그만큼 엄밀한 표본조사가 이루어지지 않았다는 말이다. 그리고 바쁜 사람들 및 그 주제에 큰 관심이 없는 사람들이 조사를 도중에 중단할 가능성이 많다는 사실은 얻어진 조사에서 그 사람들의 의견이 반영되지 않는다는 의미이다. 즉 '전체' 여론이 아닌 '아주 바쁘지 않고 그 분야에 어느 정도 관심이 있는' 사람들의 의견만이 반영된다는 말이다. 조사의 정확성이 떨어질 수밖에 없다. 설문을 너무 어렵게 하거나 너무 많은 질문을 하면 당연히 응답률이 떨어지고 조사의 정확성도 낮아진다. 설문이 비교적 긴 면접조사나 한 개인이 정기적으로 계속 응답을 해주어야 하는 패널조사에서 응답을 마친 사람들에게 경품이나 답례품을 주는 이유가 이것이다.

'무응답' 읽기

'무응답'은 앞서 말한 '응답률'의 반대가 아니다. 앞서 말한 '응답률'은 연락이 된 사람들 중 조사를 끝까지 마친 착한(?) 사람들의 비율이다. '모름/무응답'은 그 '착한' 사람들이 설문에 응답하면서 특정 질문에서 대답을 회피하거나 보기 중에서 응답을 고르지 못한 경우를 말한다. 응답률이 전체 조사진행 과정의 한 특징을 나타내는 수치라면 '모름/무응답'의 비율은 특정 질문에서의 문제이다.

예컨대 '어떤 후보를 지지하느냐'는 질문에 '지지하는 후보가 없다', '아직 결정하지 않았다', '밝힐 수 없다' 등으로 대답하는 경우가 여기에 해당한다.[15] 그렇다면 '모름/무응답'은 아무 쓸모가 없는 의견인가? '모름/무응답'도 하나의 대답이다. 만약 '모름/무응답'이 20%라면 국민의 20%는 질문에 관심이 없거나 아직 결정을 하지 않았다는 것이다. 또한 질문에 거부감이 들어 답변을 안 할 수도 있다.

---

15 지지 정당 질문의 경우 '지지 정당 없음'과 '모름/무응답'을 따로 구분하여 응답을 받기도 한다. 예컨대 1번 A당, 2번 B당 …… 으로 한 후 '지지 정당 없음'은 8번, '모름 무응답'은 9번으로 표기하는 것이다. 엄밀히 말하면 양자는 다르다. '모름/무응답'이 응답 회피 내지 거부라면 '지지 정당 없음'은 나름의 의사표시인 것이다. 하지만, 나누어 받더라도 이 둘을 전산 과정에서 합하여 통계를 내는 경우가 많다.

그리고 이러한 무응답률은 상황에 따라 변화할 수도 있다. 일반인들이 잘 모르는 내용, 예컨대 잘 알려지지 않은 사실이나 전문적인 내용을 물었을 때에도 '모름/무응답'이 많다. 모르는 것에 대해 물었는데 모른다고 대답하는 것은 당연한 일이다. 후보들에 대해 사람들이 잘 모르는 지방선거 등에서도 '모름/무응답'의 비율이 많다.

예컨대 "차기 대통령으로 어떤 후보를 지지하십니까?"라는 설문에서 선택을 바꿀 만한 새로운 후보의 등장이나 기존에 지지하던 후보의 큰 결점이 발견되었다든지 하면 '모름/무응답'의 비율이 갑자기 감소하거나 증가할 수 있다. 유권자들의 결정에 실제 영향을 미치는 것이다.

그렇다면 무응답률의 이면에는 꼭 이런 외부적 요인들만 있을까? 반드시 그렇지는 않다. 무응답률이 출렁이는 이유엔 이와는 다른 사정이 있다.

같은 질문에 대한 같은 조사기관의 조사결과를 시간에 따라 비교해보면 무응답률이 일정치 않고 들락날락하는 경우가 있다. 예컨대 정당 지지율, 대통령 지지율, 후보 선호도 등 자주 질문하는 문항들에 대한 무응답률을 비교해보면 특별한 이유도 없는데, 무응답률이 10%, 15%, 20% 정도로 오르락내리락한다면 이때는 조사기관의 실사에 일관성이 결여되어 있을 가능성이 크다. 즉 조사마다 조사환경을 동일하게 구성하는 데 실패한 것이 그 이유다. 같은 설문, 같은 연구원, 동일한 실사 스태프(실사를 외부 실사 전문회사에 맡길 경우 동일한 실사회사), 동일한 실사지침을 가지고 조사를 진행하지 못했을 경우 무응답률이 일정치 못하게 나타난다. 특히 실사가 가장 큰 원인이다. 캐어묻기의 강도도 여기에 해당한다. 면접원이 집요하게 "그렇다면 조금이라도 맘에 드는 후보는요?"라고 거듭 묻는다면 귀찮아서라도 대답하는 사람들이 늘어날 것이다.

즉 안정된 시스템이 마련되지 않은 조사회사가 이런 현상을 보인다. 조사를 진행하던 유능한 직원 몇 사람이 빠지거나 담당연구원이 바뀌거나 하여 운영의 연속성이 깨졌을 때 나타날 수 있는 현상이다. 직원들의 이직을 관리하지 못할 뿐 아니라 노하우를 쌓아나가지 못한 것이다. 이런 경우 후보 선호도 등 본 설문의 결과도 달라지는 것은 당연한 일이다. 무응답률이 10%일 때와 20%일 때의 지지율이 어찌 같겠는가? 조사회사의 내부 사정으로 무응답률과 지지율이 등락하고 있는데 이 결과를 기사화하고 나름 정치적 분석까지 한다면 안쓰러운 일이다.

하지만 이유야 어찌 되었든지 간에 무응답률의 변화로 예기치 않은 흥미 있는 분석을 할 수 있다. 즉 '무응답층이 늘었을 경우 누구의 지지율이 가장 크게 하락하는가' 이다. 이른바 '지지기반은 넓으나 견고하지 못한' 경우라 할 수 있다.

여론조사를 오래 하다 보면 미래가 보일까? – '전문가'의 견해에 대하여

오랫동안 정치에 대해 관심을 갖고 여론조사를 해온 사람들은 정치적인 사건에 대하여 나름의 평론을 할 여유와 식견을 갖추게 된다. 나름의 '감'도 생길 수 있다.

따라서 간혹 여론조사 기사 또는 일반 정치기사와 함께 조사기관 관계자들의 의견이 실리는 경우가 있다. 주로 조사기관의 대표나 이

사급이 인터뷰 대상이 된다. 하지만, 이러한 기사를 읽을 때 오해하지 말아야 할 것은 여론조사 전문가의 말이 다 조사의 결과는 아니라는 것이다. 다음 기사^{xviii}를 살펴보자.

—— 반면 참여정부와 줄곧 거리를 둔 추 후보가 예비경선을 통과하면 이해찬·유시민으로 예상되는 친노 후보 2명의 입지가 상대적으로 좁아질 것이다. 여론조사전문기관 폴컴의 이경헌 이사는 "친노 3인방의 단일화에 비해 파괴력이 떨어지고, 어쩔 수 없이 떠밀리는 형식의 단일화가 될 것"이라고 내다봤다. 각 후보의 2순위표는 이같은 계산을 깔고 숨가쁘게 움직일 것이다.
-《서울신문》, 2007년 9월 3일, 박찬구 기자

여론조사기관 임원의 말이지만 여론조사와는 직접적인 상관이 없다. 숫자 분석이 아닌 정치평론이다. 다음의 경우^{xix}도 마찬가지이다.

—— 국내 유수의 한 여론조사기관 관계자는 "소위 한 방에 갈 수 있는 '과거 문제'가 더 이상 나오지 않는다면 이 전 시장의 하락세가 진정되고 상승세로 돌아설 수 있는 계기를 마련할 수 있을 것"이라면서 "다른 후보들이 지지율을 스스로 올리는 동력이 크게 많지 않은 상황에서 앞으로 이 전 시장과 관련된 어떤 것이 나오느냐에 따라 지지율 추이도 달라질 것"이라고 전망했다.

숫자 분석은 여론조사결과에서 나온 숫자의 바다에서 나름의 흐름이나 일관된 경향 등을 잡아내는 것이다. 반면 정치평론은 정치에 대한 꾸준한 관심과 개인 나름의 지식과 정보에서 나오는 말이다.

영화평론이 영화통계의 결과에서 나온 것이 아니듯 정치평론 역시 조사에서 나온 것이 아니다. 즉 조사의 영역이 아니다.

여론조사를 오래 하다 보면 미래가 보일까? 앞으로 어떤 일이 일어날지를 예측할 수 있을까? 답은 '예스'이기도 하고 '노'이기도 하다. 하지만, 적어도 그 예측은 숫자만의 결과는 아니다.

■■ 수치와 함께 보는 여론기사

조사기관에서 보고서를 제시하는 이유는 조사결과를 요약하고 보기 좋게 설명하기 위함이다. 그리고 단순한 숫자의 나열에서는 보기 힘든 분석결과를 제시하기 위해서이기도 하다. 이러한 보고서는 숫자의 객관성에서 벗어나지 않아야 하지만, 때로는 이러한 숫자에 매이는 부자유스러움이 단점이 되기도 한다.

그러나 기사는 좀더 자유롭다. 언론의 성격상 사실과 함께 나름의 주장과 해설도 펼칠 수 있기 때문이다. 그래서 조사결과표를 잘 살펴보고 보고서에 제시된 수치를 넘어서는 좀더 흥미로운 내용을 제시한 기사라면 더욱 환영받을 것이다. 타 기관의 자료와 비교해보는 것도 좋다. 타 언론의 기사를 읽어볼 뿐만 아니라 타 기관에서 공개한 조사결과표를 살펴보면 더 많은 것을 발견할 수 있지 않을까 생각한다.[16]

역으로 기사를 읽거나 활용하는 사람도 수치를 조금만 눈여겨보

---

16 일부 주요 일간지와 방송사에서 기사와는 별도로 전체 조사결과가 담긴 조사결과표를 독립된 파일로 공개하고 있다.

아두면 좀더 많은 것을 보게 된다. 몇 가지 사례를 살펴보자. 최근 가장 언론의 초점이 되었던 사람이 이명박 대통령이라 그에 대한 사례가 많다.

남북정상회담 – 더 알면 더 좋아한다

2007년 10월 남북정상회담이 끝난 직후 여러 기관에서 여론조사를 시행했다. 그 결과에 대한 주요 기사는 정상회담이 성공적이라는 여론이 대다수였다는 것, 그리고 노무현 대통령의 지지율이 크게 올랐다는 것 등이다.

당연히 주요 기사를 차지할 만한 내용들이었다. 그러나 좀더 보면 더 흥미로운 결과를 발견해낼 수 있다. 조사는 한 번 실시하지만 기사는 더 많이 쓸 수 있다. 같은 재료를 가지고도 다양한 요리를 할 수 있는 셈이다.

SBS가 한국리서치와 2007년 10월 5일 수행한 '남북정상회담 관련 여론조사'의 결과를 예로 보자. 정상회담 합의내용에 대해 '안다'는 응답자가 70%, '모른다'(잘 모른다, 처음 듣는 말이다)는 응답자가 30% 정도였다.

그런데 '모른다'는 사람들의 응답에는 일관성이 있었다. 대부분의 문항[17]에서 '모른다'고 응답한 사람들 중 '안다'고 응답한 사람들에서보다 더 많은 부정적 응답이 나왔다. 정상회담 내용을 '모른다'

---

17 정상회담의 전반적 성과, 각 합의내용에 대한 기대, 우리 측 비용부담에 대한 입장, 김정일 국방위원장에 대한 인식, 북한 동포에 대한 인식, 노무현 대통령에 대한 인식, 대통령 국정운영 평가 등

면 오히려 각 문항에서 '모름/무응답' 으로 답하는 것이 논리적이지 않을까? 하지만 이중 절대 다수는 각 문항에서 적극적인 의사표현을 했고 정상회담 내용을 '안다' 는 사람들에서보다 각 문항들에 대한 부정적인 답변이 더 많았다. 결국 모르기 때문에 '모른다' 고 하는 것이 아니라 '나쁘다' 라고 하는 사람들이 있다는 이야기인데 이 결과를 토대로 다음과 같은 언급을 할 수 있지 않을까?

"비인지층에서 정상회담의 각 항목에 대한 부정적 의견이 상대적으로 인지층에서보다 높았다는 것은 정상회담 내용이 더 잘 알려지면 그에 대한 긍정적인 평가가 높아질 수 있다는 가능성을 보여준다. 정부의 적극적인 홍보노력이 필요하다."

이명박 후보와 종교

또 다른 예를 들어보자. 조사기관의 보고서 분석은 많은 경우 "유 OO 후보의 지지도는 남성보다는 여성에서, 연령이 낮을수록, 소득이 높을수록 높게 나타났다" 정도만 언급하는 것이 보통이다.

그런데 때로는 이외에 다른 내용도 흥미로운 분석이 될 수 있다. 다음 글을 보자.《조선일보》가 한국리서치와 함께 실시한 '정치인 지표 16차 조사'[18]를 한국리서치가 자사의 홈페이지[xx]에 소개하면서 '특이사항' 이라고 제시한 항목 중 하나이다.

"……기독교와 천주교 신자 그리고 종교가 없는 유권자에서는 이 후

---

18 《조선일보》 2007년 7월 16일자

보가 박 후보를 20% 포인트 가량 앞선 반면, 불교 신자에서는 박 후보가 10% 포인트 정도 앞섰다."[19]

종교에 관한 분석이다. 사실 종교에 대한 질문은 많은 정치조사에서 그리 중요한 비중을 차지하지 않는다. 2007년 대선에서도 마찬가지였다. 이 조사를 함께한 《조선일보》에서도 종교분석을 크게 다룬 기사는 찾기 어려웠다. 하지만, 한국리서치 홈페이지에 정리된 결과에서는 종교에 대한 분석결과가 간략하지만 의미 있게 나와 있다. 불교신자에서 박 후보가 10%나 앞서 있다는 것이다. 이명박 후보는 경선 레이스가 본격적으로 시작된 이후 박근혜 후보에게 여론조사에서 뒤진 적이 없다. 하지만 특정 집단에서는 결과가 다르게 나온다면 이는 특이할 만한 일이다. 위의 조사결과는 그것이 '종교'라고 말하고 있다.

모든 조사결과에서 종교가 중요한 것은 아니다. 하지만 2007년 대선에서는 그렇지 않을 수도 있었다. 왜냐하면 이명박 후보는 기독교 장로이며 종교와 관련된 그의 언급은 많은 구설수를 낳았기 때문이다.[20]

특정 종교인이라고 알려진 후보들이 타 종교집회에 참여하는 사진이 나온다면 이런 결과를 언급하며 설명하는 것은 어떨까? 당연할지 모르지만 숫자를 가지고 뒷받침하면 다를 수도 있다. 이때의

---

19 이 후보는 이명박 후보를 박 후보는 박근혜 후보를 말한다. 2007년의 한나라당 주요 대선 경선후보들이다.
20 '서울봉헌발언' 등이 그 예이다.

숫자는 여론, 즉 국민의 뜻이니까. 다음 《한국경제신문》 기사[xxi]는 이와 같은 수치로 이해하면 쉽다.

── 이명박 "高大·기독교·現代행사 불참"
역풍우려 3대 금지구역 결정

한나라당 이명박 후보가 당분간 기독교 행사, 고려대 동문 모임, 현대가(家) 친목행사에 참여하지 않기로 방침을 정해 관심을 끌고 있다.

고려대를 졸업했고 현대에서 CEO로 성장했으며, 독실한 기독교 신자(교회 장로)로 알려진 이 후보에게 이들 세 곳은 사실상 '텃밭'이나, 오히려 가서는 안될 '3대 금지구역'으로 지목한 것이다.

이 후보의 핵심 측근은 "대선행보를 본격화하면서 '안방'을 지나치게 챙긴다는 역풍을 의식하지 않을 수 없다"로 배경을 설명했다.

먼저 모교인 고려대 행사 불참과 관련, 이 후보의 한 측근은 "선대위에 고대 출신들이 많아 이 후보가 '동문 챙기기'라는 말을 들을까봐 우려하는 측면이 있다"면서 "최근 인선에서 '비(非)고대-비(非)영남'을 우선 검토하자는 말도 있었다"고 전했다.

때문에 측근 중 고대 출신들이 많은 만큼 타대학 출신들의 위화감을 조성할 수 있는 동문 행사에는 가급적 참석하지 않는다는 설명이다.

이 후보는 대선 때까지 기독교 행사도 대폭 줄일 계획이다.

과거 '서울시 봉헌' 발언으로 곤욕을 치른 적이 있는 이 후보로선 가뜩이나 취약지대인 불교계를 신경쓰지 않을 수 없기 때문이다.

기독교 정서를 지나치게 내세울 경우, 이 후보의 '전력'과 이어지면서 '안

타'로 이어질 수 있다는 판단에서다.

-《한국경제신문》, 2007년 10월 18일, 이준혁 기자

20%만을 대변하는 후보?

후보의 경제관과 여론조사 수치가 관계가 있을까?《한국경제신문》의 다음 기사[xxii]를 보자. 이 기사에 따르면 2007년 대선을 앞두고 정동영 후보가 이명박 후보는 부자를 대변하는 후보라는 취지의 비난을 하고 있다.

—— 鄭 "이명박 경제는 20% 부자 대변" vs 李 "정동영이 뭐라든 盧정권 아류"

대통합민주신당 정동영, 한나라당 이명박 대선 후보가 17일 상대에 대한 견제에 본격 나섰다. 정 후보는 '20(부자) 대 80(가난한 자)론'을 제기, 이 후보를 부자를 대변하는 후보라고 몰아붙이는가 하면 '이 후보 때문에 4강 외교를 망쳤다'고 정면 공격했고 이 후보는 '노무현 정권의 아류'라며 정 후보에게 역공을 폈다.

정 후보는 후보 수락 연설 이후 연일 "이 후보는 돈 있고 땅 있는 사람들만을 위한 약육강식 경제를 추구하고 있다"며 "이 후보의 성장만능주의와 입시부활론은 결국 20 대 80 사회로 가자는 것"이라고 목청을 높이고 있다. 강남과 다주택 보유자를 겨냥했던 노무현 대통령의 인식과 일정 부분 궤를 같이한다는 점에서 '노무현 따라하기'란 시각도 없지 않다.

-《한국경제신문》, 2007년 10월 18일, 홍영식 기자

이 후보가 실제 부자를 대변하는지는 정책을 놓고 판단할 일이지만 부자들이 이 후보를 어떻게 생각하는지는 여론조사결과를 통해 알아볼 수 있다. 과연 이명박 후보는 고소득층에서 더 많은 지지를 받을까? 정동영 후보는 어떨까? 이는 여론조사 통계표에 늘 나오는 소득별 지지율을 살펴보면 된다.

그렇다면 이 기사가 날 무렵 조사된 결과를 한번 찾아가보자. 조사결과표를 보려면 각 주요 언론기관 사이트에 있는 여론조사란을 방문하면 된다. 앞의 기사가 실린 것이 2007년 10월 18일이니 이 무

◆ **대통령 후보 지지도**

조사항목 전체보기

〈표 3-1〉 대통령 후보 지지도

문 3) 만약 내일이 대통령 선거일이고, 다음의 후보들이 출마한다고 가정하면, ○○님께서는 누구에게 투표하시겠습니까?

BASE : 전체		사례수	대통합 민주신당 정동영 후보	한나라당 이명박 후보	민주 노동당 권영길 후보	민주당 이인제 후보	국민 중심당 심대평 후보	가칭 참조 한국당 문국현 후보	기타	모름/ 무응답	계
			%	%	%	%	%	%	%	%	%
전	체	(1000)	17.2	50.0	4.4	3.1	.8	6.0	.5	17.9	100.0
성 별											
남	자	(495)	17.5	48.5	4.9	4.0	1.0	8.6	.4	15.2	100.0
여	자	(505)	17.0	51.4	3.9	2.3	.7	3.5	.6	20.7	100.0
연 령 별1											
20	대	(213)	14.2	56.3	4.3	4.1	.5	5.2	.5	15.0	100.0
30	대	(238)	19.3	40.8	6.8	1.5	.9	8.8	.3	21.5	100.0
40	대	(226)	21.5	49.0	5.6	2.3	.8	6.3	.9	13.5	100.0
50	대	(148)	14.4	54.2	3.3	4.1	.6	7.0	.0	16.4	100.0
60세	이상	(175)	15.0	52.3	.6	4.4	1.4	2.0	.5	23.7	100.0
연 령 별2											
19 ~ 24세		(68)	14.6	66.6	.0	3.9	1.5	.0	.0	13.4	100.0
지 역 별											
서	울	(214)	14.1	51.5	2.6	3.5	.9	7.5	.4	19.4	100.0
인천 / 경기		(269)	13.3	57.1	5.3	2.6	.0	5.9	.4	15.5	100.0
대전/충남/충북		(101)	15.0	41.6	5.0	5.0	6.6	6.0	2.0	19.0	100.0
광주/전남/전북		(106)	44.7	14.0	4.9	3.6	.0	10.3	.0	22.4	100.0
대구 / 경북		(107)	6.0	71.0	5.2	3.3	.0	2.7	.0	11.9	100.0
부산/울산/경남		(161)	17.4	54.1	4.0	1.7	.0	3.5	.5	18.8	100.0
강원 / 제주		(42)	22.5	37.7	4.8	4.8	.0	6.0	.0	24.4	100.0
직 업 별											
농 / 임 / 어업		(29)	8.0	47.9	.0	2.3	3.4	.0	.0	38.3	100.0
자 영 업		(250)	19.6	51.2	4.5	3.3	.4	7.3	.3	13.5	100.0
블 루 칼 라		(81)	23.2	50.8	5.7	2.5	.0	3.4	.0	14.4	100.0
화 이 트 칼라		(323)	15.4	44.9	6.9	2.5	1.3	10.1	.9	18.0	100.0
가 정 주 부		(211)	16.5	54.0	1.9	2.5	.7	3.0	.4	20.9	100.0
학	생	(36)	13.7	64.1	.0	5.2	2.8	.0	.0	14.2	100.0
무적 / 기타		(71)	17.9	49.8	2.9	7.1	.0	.0	.0	22.3	100.0
교육 수준별											
중 졸 이 하		(158)	18.1	44.0	1.8	4.7	1.6	2.9	.6	26.2	100.0
고	졸	(305)	14.7	54.4	4.1	4.0	1.2	3.3	.9	18.3	100.0
대 재 이 상		(526)	18.6	48.8	5.5	2.2	.4	8.6	.7	15.1	100.0
무 응 답		(12)	7.9	68.0	.0	.0	.0	.0	.0	24.1	100.0
가구 소득별											
100만원 이하		(114)	22.6	38.8	1.0	4.6	2.2	1.7	.0	29.1	100.0
101~200만원		(162)	15.7	44.7	5.5	4.8	.6	5.9	.8	22.3	100.0
201~300만원		(214)	20.8	52.9	4.8	2.1	1.4	6.6	.0	11.3	100.0
301~400만원		(175)	19.2	50.9	7.1	1.0	.6	6.1	.5	14.7	100.0
401만원 이상		(235)	19.9	56.4	4.5	2.6	.0	9.4	.3	12.5	100.0
모름 / 무응답		(98)	10.2	48.4	.9	6.0	1.0	1.7	1.0	30.8	100.0

3 알수록 재미있는 여론조사 주제들

렵의 여론조사결과를 보자. 먼저는 KBS홈페이지에 공개된 2007년 10월 16～17일 조사결과이다.

각 후보의 지지율이 나오는데 위로부터 성별, 연령별, 지역별, 직업별, 교육수준별 지지율이 나오고, 그 다음에 가구 소득별 지지율이 나온다. 가장 소득이 높은 층인 소득 401만 원 이상의 사례수가 235명이니 정동영 후보가 말한 20%를 좀 넘는다.

이명박 후보는 5개 소득계층 중 401만 원 이상의 최상위 소득계층에서 56.4%로 가장 높은 지지율을 받고 있다. 이와 반대로 정동영 후보는 100만 원 이하의 최하위 소득계층에서 22.6%로 가장 높은 지지율을 얻고 있다. 그렇다면 정 후보의 주장에 힘이 실리는 듯하다. 혹시 정동영 후보는 이런 조사결과를 보고 위의 주장을 한 것일까? 하지만 오차도 존재하며 특히 사례수가 적은 세부 집단을 분석할 때는 매우 신중해야 한다.

그렇다면 이보다 보름 정도 후에 실시된 다른 조사결과를 살펴보자. SBS가 자사 홈페이지에 발표한 TNS KOREA와의 10월 31일 조사결과 일부다.

이명박 후보의 경우 이 조사결과에서도 5개로 분류된 소득계층 중 최상위 소득계층에서 60.3%로 가장 높은 지지율을 얻고 있다. 반면 정동영 후보는 역시 최하위 소득계층에서 24.3%로 가장 많은 지지율을 얻고 있다.

결국 두 조사결과 모두 이명박 후보는 최상위 소득계층, 정동영 후보는 최하위 소득계층에서 각각 가장 많은 지지를 거두고 있다는 것을 알려준다.

[표 01] 차기 대선 후보 지지도

[문 01] 올 12월에는 대통령 선거가 있습니다. 만일 오늘이 대통령 선거일이라면 다음 중 어느 후보에게 투표 하시겠습니까?

	사례수	대통합민주신당 정동영	한나라당 이명박	민주노동당 권영길	민주당 이인제	약간중심당 심대평	참조한국당 문국현	기타	모름/무응답
		%	%	%	%	%	%	%	%
전 체	(1000)	17.5	49.7	3.8	3.2	.6	7.5	.3	17.4
지 역 별									
서 울	(213)	14.9	55.7	2.2	1.4	.0	7.5	.4	17.9
인천 / 경기	(270)	13.7	50.3	4.2	3.1	.7	10.0	.0	17.9
대전 / 충청	(100)	23.7	40.1	3.4	5.0	3.7	5.1	.0	19.1
광주 / 전라	(105)	47.3	9.9	4.3	6.6	.0	8.6	.0	23.3
대구 / 경북	(106)	7.7	62.0	8.0	4.2	.0	4.3	.8	13.0
부산/울산/경남	(166)	11.6	61.4	3.6	2.0	.0	6.2	.7	14.6
강원 / 제주	(40)	12.5	61.9	.0	2.5	.0	7.5	.0	15.6
성 별									
남 자	(496)	17.1	49.6	5.1	4.2	.4	8.1	.2	15.3
여 자	(504)	17.8	49.9	2.6	2.2	.7	6.9	.4	19.6
연 령 별									
20 대	(215)	19.2	40.0	6.4	3.5	.9	12.9	.0	17.1
30 대	(235)	19.3	43.4	5.0	2.4	.0	7.8	.0	22.1
40 대	(227)	16.7	54.6	3.1	2.2	.7	6.4	.9	15.4
50 대	(149)	13.0	60.1	1.3	3.6	.0	4.8	.5	16.6
60 대	(174)	17.6	55.0	2.2	4.8	1.1	4.2	.0	15.1
학 력 별									
중 졸 이 하	(162)	21.8	42.2	5.0	8.1	1.2	2.3	.0	19.4
고 졸	(291)	17.2	51.3	5.0	3.9	.3	4.4	.3	17.6
대 재 이 상	(541)	16.3	51.1	2.9	1.4	.5	10.6	.4	16.8
직 업 별									
농림 / 어업	(46)	18.5	43.9	5.6	6.3	.0	2.2	.0	23.6
자 영 업	(177)	12.2	60.3	4.4	2.3	.5	6.2	.0	14.2
블 루 칼 라	(73)	24.3	38.2	7.2	4.9	.9	7.6	.0	16.8
화 이 트 칼 라	(207)	16.4	44.9	1.5	3.8	.0	13.6	1.0	19.0
주 부	(315)	16.6	52.8	2.4	2.3	.6	5.1	.3	20.0
학 생	(67)	23.9	49.2	11.2	1.5	3.0	7.4	.0	3.8
무직 / 기타	(111)	22.1	42.0	4.3	4.9	.0	7.6	.0	19.0
소 득 별									
100 만원 이하	(128)	24.3	42.5	3.1	5.8	1.6	2.2	.0	20.6
101 - 200 만원	(185)	21.0	41.3	6.6	5.4	.5	6.1	.0	19.2
201 - 300 만원	(195)	18.3	49.5	.8	3.1	.3	9.5	.0	18.4
301 - 400 만원	(141)	20.6	52.1	3.6	2.0	.0	4.8	.6	16.3
401 만원 이상	(238)	11.6	60.3	1.5	1.2	.4	11.7	.8	12.4

　　그렇다면 과연 이런 조사결과들만으로 이명박 후보가 소득 상위 20%를 대변하는 대통령이라고 할 수 있을까? 정치적으로는 그리 말할 수 있을지 모르겠지만 수치상으로는 그렇게 말하기 어렵다. 왜냐하면 이명박 후보는 다른 소득계층에서도 40% 정도 이상의 지지율을 얻고 있기 때문이다. 그리고 정동영 후보가 나머지 80%를 대표한다고 말하기에도 격차가 크다.

대운하는 어디 갔나?

대선기간 중 후보들의 공방이 치열해졌지만 많은 이들은 정책경쟁 및 토론을 볼 수 없다고 우려했다. 2007년 17대 대선에서 이명박 후보의 대표적 공약은 '대운하'다. 국토를 가르는 거대한 운하가 과연 득인가, 실인가를 두고 너무나도 많은 이들의 논쟁이 있었다. 하지만 대선이 가까워질수록 대운하 공약은 점차 잊혀지는 듯했다. 과거의 '청계천' 공약이 서울시장 선거에서 큰 이슈가 되었던 것과는 달리 대운하에 대한 정책토론은 왠지 용두사미가 되어버린 느낌이다. 왜 그럴까? 여러 이유가 있었겠지만 여기서는 여론조사의 측면에서 살펴보자.

다음의 여론조사기사[xxiii]를 보자. 《매일경제신문》과 메트릭스가 조사한 결과에 대한 2007년 11월 8일자 기사의 일부다.

— "3불정책 유지 · 대운하 반대"

이번 대선의 쟁점으로 떠오른 정책에 대한 조사도 함께 실시됐습니다.

대입 3불정책에 대해서는 계속 유지해야 한다는 의견이, 한반도 대운하에 대해서는 반대 의견이 각각 더 많았습니다. 강태화 기자가 보도합니다.

본고사와 고교등급제, 기여입학제 금지를 뜻하는 이른바 3불정책을 폐지하는 게 옳은가, 우리 국민 10명 중 6명 이상은 유지해야 한다고 답했습니다.

폐지할 경우 학생 서열화와 입시과열만 부추길 수 있다는 우려가 작용했습니다.

고급인재 양성과 교육 자율화의 측면에서 폐지해야 한다는 의견도 28.6%에 달했습니다. 이명박 후보의 대표 공약인 한반도 대운하에 대해서는 반대 의견이 절반을 넘었습니다. 예산을 낭비하고 환경을 파괴한다는 이유에서입니다. 국토 균형발전과 물류 혁신의 측면에서 찬성한다는 의견은 32.9%에 그쳤습니다.

대선이 임박할 무렵 이명박 후보의 지지율은 보통 40% 이상이었다. 이회창 후보가 나서기 전에는 50%를 넘나들기도 했다. 반면 대운하 찬성율은 위 기사에 따르면 30% 정도에 불과했다. 이미 다른 후보들을 20% 정도나 앞서가는 상황에서 국민의 반 이상이 반대하는 대운하를 쟁점화할 필요는 없었을 것이다.

그래서인지 대운하가 본격적으로 다시 등장한 것은 12월 19일 대통령 선거가 끝난 다음의 일이다. 다음은 YTN 12월 22일 기사[xxiv]의 일부이다.

—— 한나라당, 대운하 특별법 추진

한나라당은 이명박 대통령 당선자의 핵심공약 가운데 하나인 '한반도 대운하' 건설을 위해 내년 18대 국회에서 특별법 제정을 추진하기로 했습니다.

CATI와
ARS 조사

20세기 전반에 등장한 전화조사는 컴퓨터와 통신기술의 발달로 또한 번 진화하는데 그 방향은 크게 두 가지, CATI와 ARS 조사이다. 즉 이들은 기존의 전화조사가 낳은 두 자식이라고 할 수 있다. 하지만 양자에 대한 세상의 평가는 너무 다르다.

■■ 전화조사의 적자(嫡子), CATI

여론조사 기사를 보면 간혹 CATI를 써서 조사했다는 말이 나온다. 특히 대형 언론과 조사하는 여론조사기관에서는 외부에 발표하는 조사결과표의 가장 앞 페이지에 조사방법을 밝히면서 'CATI를 이용한 전화면접조사' 또는 '전화면접조사(Computer Assisted Telephone Interviewing)' 등의 표현을 쓰는 경우가 많다. CATI가 무엇이기에 많은 조사기관들이 이를 써서 조사를 했다고 내세울까?[21]

우선은 CATI가 모든 조사기관이 갖고 있는 것은 아니라는 점을 알아야 한다. 비용이 만만치 않기 때문이다.

CATI는 문자적으로는 컴퓨터를 이용한 전화조사를 의미한다. 기존 전화조사에 컴퓨터 시스템을 응용하여 업그레이드한 것이라고 보면 된다.

이미 컴퓨터는 전화조사의 모든 과정에 쓰이고 있다. 설문작성 과정에서는 워드 프로그램을 사용하고, 실사준비 과정에서는 엑셀로 할당표를 만든다. 전산과정에는 SPSS가 쓰이며, 보고서 과정에는 워드와 엑셀이 쓰인다.

하지만 CATI 조사란, 실사에 컴퓨터를 이용한다는 의미이다. 조사에 쓰일 설문지와 할당표를 프린트해서 조사현장에 전달하는 것이 아니라 CATI 프로그램에 입력한다. 그리고 전화걸기, 응답체크, 할당관리, 감독 및 검증의 전 과정이 컴퓨터 시스템과 프로그램으로 관리된다. 이렇게 하면 실사현장의 모습은 콜센터에서 상담원들이 헤드셋을 끼고 모니터를 보며 상담하는 것과 비슷해진다.

설문진행에서 보기의 순서, 예컨대 지지율조사에서 누가 1번 후보가 되는가 등에 따른 편차를 막기 위해 자동으로 보기 순서가 바

---

21 대통합민주신당은 17대 대통령 후보경선조사업체 선정공고에서 아예 자격기준 중 하나로 CATI 시스템을 제시했다.

꿰어 모니터에 나타나게 할 수도 있다. 따라서 경선조사에서 후보순서를 바꿔가면서 질문하는 것(로테이션 설문)이 자동으로 된다. 앞의 질문에서 어떤 응답을 했느냐에 따라 다음 질문이 달라지는 분기형 질문도 자동으로 관리되므로 면접원의 실수를 막아준다.

전화걸기도 자동화된다. 전화번호 데이터에서 무작위로 전화번호를 뽑아 전화를 걸어줄 뿐 아니라 이미 통화가 된 전화번호로는 다시 걸지 않는다. 부재 중인 경우도 일정 시간 후에 다시 걸어주고, "지금 바쁘니까 언제 다시 연락하세요" 같은 통화예약도 면접원이 시간을 입력해두면 해당 시간에 다시 걸어준다.

면접원 감독도 시스템화된다. 실시간으로 통화내역을 녹취하고 감청할 수 있는 것은 물론 조사 중 전달사항이 있을 때는 모니터에 띄우면 된다. 슈퍼바이저가 면접원들에게 "잠깐 조사 중단하시고요…… 여기 좀 보세요…… "라고 외치는 장면은 사라진다.

할당 맞추기도 이 시스템의 도움을 받을 수 있다. 해당 셀의 할당이 다 채워지면 면접원에게 알리고 더 이상 조사입력을 받지 않게 할 수도 있고 설령 조사가 된다 해도 처리하지 않을 수 있다. 예컨대 서울 거주 50대 남성이 다 조사되었다면 각 면접원들에게 모니터상으로 알려주어 시간을 허비하지 않게 한다.

면접원은 응답을 종이응답표에 펜으로 적는 대신 화면에 클릭하여 표기한다. 이 결과는 그대로 로데이터 파일로 저장되므로 펀칭과정이 사라진다. 응답표를 다시 펀칭으로 입력하는 과정이 하나 줄어들어서 실수의 가능성도 그만큼 줄어든다.

분명 좋은 시스템임에 틀림없다. 하지만 CATI 시스템을 갖추었다고 조사실력이 저절로 향상되는 것은 아니다. 경험 많은 주부 면접원들이 컴퓨터에 능숙하고 좋은 목소리를 가진 젊은 층으로 바뀜에 따라 기존의 숙련된 인력들을 잃을 수도 있다. 하지만 쟁쟁한 실력을 가진 많은 실사 스태프들이 아직 기존의 업무방식에 따라 조사를 진행하고 있다.

■ 욕먹는 조사기계, ARS

불우한 성장과정

ARS(Automatic Response System)는 전화 자동응답 시스템이다. 은행이나 통신사 등에 전화하면 "……를 원하시면 1번, ……를 원하시면 2번…… 상담원과의 통화를 원하시면 0번을 눌러주세요" 하는 음성이 들린다. 이런 시스템이 ARS이다.

ARS 시스템은 여론조사에도 이용되는데, 전화를 우리가 하는 것이 아니라, 기계가 우리에게 하는 방식이다. 따라서 자동전화 발송 시스템으로서 ACS(Automatic Calling System)가 더 알맞은 명칭이 될 것이다.

면접원이 응답자와 '대화' 하면서 조사가 진행되는 일반 여론조사와 달리 ARS에서는 녹음된 성우의 목소리가 질문을 하고 응답자는 수화기의 버튼을 눌러 답을 하는 식으로 진행된다.

"……찬성하면 1번, 반대하면 2번, 잘 모르시면 9번을 눌러주세요" 등으로 말이다.

이를 수행하는 기관으로 가장 잘 알려진 곳이 리얼미터다. 이 회사는 CBS와 종종 ARS 조사를 수행했다. 그래서인지 ARS-리얼미터-CBS 3자가 함께 붙어다니는 듯한 느낌을 받는다. 하지만, ARS를 이용해 처음으로 선거조사를 한 곳은 CBS가 처음이 아니다. MBC는 이미 1990년대 초반 선거방송에서 ARS를 이용한 설문결과를 발표하였다.[xxv] 하지만, 보통 ARS 조사는 CATI와는 달리 전문 조사기관이 아닌 선거기획사에서 많이 이용한다.

그래서일까? 사이비 선거꾼이나 하는 조사를 감히 언론에 발표하는 것으로 인식했기 때문일까? 리얼미터와 CBS의 ARS 조사는 많은 이들의 비난을 받았다.[22]

일례로 KOSOMA(한국마케팅여론조사협회)는 2006년 3월 각 방송사와 신문사에 'ARS 조사의 문제점'이란 제목의 공문을 전달했다. 그 내용의 일부는 다음과 같다.

"……ARS를 이용한 여론조사는 객관성과 과학성이 결여된 조사방법…… 조사에 대한 국민의 불신을 가중시킬 우려가 있습니다. 그러므로 가능한 한 전화조사를 이용해주시고 부득이 ARS 조사를 사용한 경우에는 반드시 ARS 조사임을 밝혀주시기 바랍니다."

물론 리얼미터는 위 공문에 명시된 KOSOMA 회원사(36개 사)에 포함되어 있지 않다.

또한 지방선거경선조사가 거의 마무리되던 2006년 5월에 열린 KOSOMA 월례 세미나에서도 ARS 조사는 유사 여론조사의 대표적 사례로 다시 비판을 받았다. 과연 ARS 조사는 이렇게 욕을 먹을 만

---

22 리얼미터 홈피에 있는 이택수 대표 연구원의 글을 읽어보라("참 나쁜 여론조사 vs 참 좋은 여론조사," http://www.realmeter.net/).

한 조사방법일까?

왜 비난을 받을까? - ARS 조사의 문제점

앞에서 설명한 바와 같이 ARS에서는 컴퓨터 시스템이 전화를 걸어 녹음된 음성파일을 발송하고, 통화가 성공하면 응답자가 음성을 듣고 전화버튼을 눌러 응답을 표기한다.

그래서 뭐가 문제란 말인가? 기계가 전화를 건다는 것에 문제가 있는 것은 아니다. 전화를 거는 방식은 CATI도 마찬가지다. 문제는 미리 녹음된 음성파일을 통해 조사한다는 점이다. 여기에서 나오는 단점을 하나씩 살펴보기로 하자.

ARS 조사의 단점은, 먼저 응답률이 너무 적다는 것이다. ARS는 전화조사의 절반 정도밖에 안 되는 응답률[23]을 보인다. 전화조사가 20% 정도의 응답률을 보이는 반면, ARS는 10% 정도밖에 안 되는 것이다. 전화기를 든 사람의 90%는 도중에 전화를 끊어버리는 셈이다.

녹음된 목소리는 아무래도 거부감이 들어 듣자마자 끊는 경우가 많다. ARS에서 나오는 목소리도 기계음이 아닌 사람의 목소리이다. 조사 시작 전에 스튜디오에서 성우들이 설문지를 읽어 녹음한 것이다. 하지만 아무래도 대화하면서 진행하는 전화조사에 비해 자연스럽지 못한 것이 사실이다. 그리고 바쁜 응답자를 전화기에 붙잡아놓

---

23 이 글에서 응답률은 총 통화연결횟수 중 설문 완성부수를 말한다. 반면 총 통화시도 중 설문 완성 부수를 응답률이라고 정의하기도 한다.

을 노하우를 녹음된 음성파일이 갖고 있을 리도 만무하다. 녹음파일과의 통화를 즐기는 사람은 많지 않다. 설문이 길어지면 응답률이 훨씬 더 떨어질 것은 당연해 긴 설문을 제대로 진행하지도 못한다.

더구나 응답자가 설문을 잘 이해하지 못했을 경우에도 이를 설명해줄 수 없다. 단, 다시 들을 수는 있다.

그리고 응답자의 연령결과를 보면 20대가 아주 적고, 60대 이상이 너무 많다. 녹음파일과 전화를 나눌 정도로 여유가 있고 집에 머무르는 시간이 많은 노년층이 많은 비율을 차지하는 것이다.[24] 세대 간 정치적 견해의 차이가 많은 우리나라의 경우 이러한 조사결과가 전체 여론을 대표한다고 말하기 어렵다. 더구나 ARS는 정치에 관심이 많은 사람들이 주로 응답한다. 정치에 별 관심이 없는 사람들은 녹음된 멘트가 시작되자마자 전화를 끊는다. 일종의 스팸전화 취급을 받는 것이다. 따라서 전체 유권자의 고른 응답을 모으기가 쉽지 않다.

그리고 또 하나의 묘한 공식이 나올 수 있다. 10%밖에 안 되는 낮은 응답률로 인해 같은 표본을 얻으려고 전화조사의 두 배나 되는 통화를 해야 한다는 말은, 예컨대 1,000명 조사시 10,000가구와 통화를 해야 한다는 뜻이다. 따라서 이런 조사를 5회 하면 5만 가구와 통화를 하는 셈인데, 도중에 끊건 말건 조사당 표본을 2,000명으로 하면 10만 가구가 된다. 참고로 서울시 종로구의 가구수가 7만 정도

---

24 가정에 전화를 거는 일반적인 ARS의 경우이다. 휴대폰을 이용한 모바일 ARS 조사의 경우 주 연령대가 달라질 것이다.

이며 전라북도 부안군의 세대수는 2만 7천 정도이다.

조사를 명목으로 엄청난 횟수의 전화를 할 수 있다는 것이다. ARS를 홍보용으로 쓸 수 있다는 계산이 나온다. 후보 이름을 되도록 이면 설문 앞에 나오도록 배치하면 그 효과는 더 클 것이다. 더구나 ARS는 비용이 전화조사에 비해 엄청나게 적게 든다.

다음 KBS 2006년 5월 22일 방송[xxvi]은 ARS 조사가 홍보로 이용된 예를 보여준다.

—— [집중취재] ①여론조사 업체가 여론 조작

〈앵커 멘트〉

이번 선거에서 각 정당이 후보를 결정하는 중요한 변수로 삼고 있는 것이 바로 여론조사결과인데 이에 대한 시비가 끊이질 않고 있습니다. 여론조사를 통해 특정후보의 선거운동을 도와준 여론조사업체 대표가 검찰에 구속됐습니다. 최성원 기자입니다.

〈리포트〉

지난 3월 말, 대전 유성에 사는 주민들은 여론조사 기관으로부터 전화를 받았습니다. 미리 녹음된 한 구청장 예비 후보의 경력이 ARS, 즉 자동응답시스템을 통해 흘러나왔습니다. 다른 후보의 경력 등 인지도에 대해서는 조사하지 않은 채 곧바로 지지도 조사에 들어갔습니다. 특정 후보의 인지도와 지지도를 높여준 셈입니다.

이런 이유들로 ARS는 기존 조사회사의 배척을 당해왔다. 결과도 믿을 수 없는 조사방법인 데다가 홍보용으로 많이 쓰이는 저가 사이비 조사라는 이미지 때문일 것이다.

ARS의 가능성

반면, ARS의 장점도 있다. 비용이 적게 든다는 것은 어쨌거나 가장 큰 장점이다. 비용이 적게 드는 이유는 실사인력을 운용하지 않기 때문이다. 성우를 고용하여 한 번 녹음하면 무한정으로 조사를 진행할 수 있다. 물론 전화비는 들지만 부수당 또는 시간당 지급하는 면접원 급여가 들지 않고 응답자가 버튼을 눌러 표기하는 응답이 CATI처럼 바로 데이터파일에 저장되기 때문에 별도의 자료입력(펀칭)은 필요없고, 따라서 펀처에 지급되는 비용도 없다. 슈퍼바이저와 검증원도 따로 쓰지 않으므로 의뢰인의 부담도 적다.

또한 조사결과의 안정성도 의외로 높다. 즉 동일한 조사를 반복할 때 그 결과가 거의 일치한다. 이는 ARS가 녹음파일로 진행되기 때문이다. 한 성우의 목소리가 매번 동일하게 모든 응답자에게 전달되는 것이다. 기존 전화조사나 CATI 조사에서의 면접원은 여러 명이고 같은 면접원이라도 상황과 시간에 따라 목소리나 어조가 변하게 마련이다. 하지만, 이미 녹음된 성우의 목소리는 지치지도 변하지도 않고 모든 응답자에게 동일하게 전달된다. 이런 이유로 ARS 조사에서는 면접원에 따른 편차나 면접원에 의한 부정 가능성도 없다.

그리고 면접원이 응답을 듣고 표기하는 기존 전화조사나 CATI와 달리 응답자가 전화버튼을 눌러 직접 표기하므로 면접원이 응답을 잘못 알아들어 생기는 실수도 없다.

어떤 사람은 ARS 여론조사에 응하는 사람들이 실제 투표장에 나올 가능성이 높다는 이유로 ARS 조사의 유용성을 거론하기도 한다. 현실정치에 관심이나 이해관계가 있는 사람들만이 번거로운 ARS 조사에 참여한다는 논리다.

ARS의 앞날

하지만 ARS가 '과학적' 방법으로 인정받으려면 어떤 방식으로든 응답자의 쏠림 현상을 막아야 한다. 그래서 아직까지는 전산 프로그래밍을 통한 보정(가중치)을 피할 수 없다. 실사에서의 부족을 메우는 가중치를 언제나 사용해야 한다는 것은 ARS의 슬픈 운명이다. 그리고 가중치 적용 또한 앞에서 보았듯이 완벽한 방법은 아니다. 성실한 실사를 대신할 수 있는 것은 없다.

하지만 앞으로도 ARS는 계속될 것이다. 이번에는 좀더 폭발적인 방법으로 조사판을 뒤집어놓을 것이다. 표본조사가 아닌 전수조사(전체인원이 참여하는 조사), 즉 인구비에 상관없이 무한정으로 수십만 때로는 수백만의 사람들을 조사에 참여시키는 조사로 쓰일 수 있다. 일종의 투표 역할을 하는 것이다. '모바일 조사'[25]가 그것이다. 휴대전화로 수많은 사람들을 조사에 참여시키는 모바일 조사는 그 성격상 면접원을 고용할 수 없다. 수백만 명의 사람들에게 전화를

---

25 이 책에서의 모바일 조사는 단순히 유선전화 대신 핸드폰에 전화하는 조사를 말하지 않는다. 핸드폰을 이용하여 수많은 사람들을 참여시키는 조사를 의미한다.

걸 수만 명의 면접원을 모집하는 것은 불가능하다. 결국 모바일 조사는 문자메시지, 음성파일, 그리고 휴대전화를 통한 인터넷 접속과 같은 방법이 될 수밖에 없다. 이 중 당장 전화조사와 가장 가까운 것이 음성파일 방식이다. 그것은 바로 ARS 조사이다. 가정에 전화를 거는 대신 휴대전화에 걸어 조사를 권유하는 기계 면접원, 그것이 ARS와 모바일 조사의 가까운 미래이다.

여론조사를
믿을 수 있는가

여론조사가 정치에 미치는 영향이 커짐에 따라서 과연 조사결과를 믿을 수 있는가 하는 의문도 커지고 있다. 나는 한 번도 조사를 받아 본 적이 없다든지, 내 주변의 사람들은 모두 이렇게 생각하는데 여론조사 결과는 다르다든지 하는 이야기는 표본과 관련한 문제이다.

표본조사는 고르게 뽑을 수만 있다면 1명이 수천 또는 수만 명을 대표할 수 있다는 과학적 확신에 근거한다. 따라서 자신이 조사에 참여한 적이 없다는 것은 이상한 일이 아니다. 오히려 극소수 표본만을 조사하는 여론조사의 본질을 이해할 때 충분히 가능한 일임을 이해하게 될 것이다.

그리고 내 주변 사람들의 의견과 여론조사 결과가 다를 수 있음도 쉽게 이해할 수 있다. 자신과 비슷한 생각을 갖고 있는 사람들이 많다는 것은 주변에 생각을 같이하는 사람이 많다는 뜻일 뿐이다. 자신과 주변인들의 생각은 전 국민의 의견과 같을 수도 있고 다를 수도 있다. 사실 비슷한 견해를 가진 사람끼리 모여 있을 가능성이 크기 때문에 표본을 고르게 뽑아야 하는 것이다. 만약 당신 주변에 당신과 비슷한 의견을 갖고 있는 사람이 많다면 당신은 매우 친화력 있는 사람일 것이다. 하지만 전체의 의견을 판단하는 데에는 오히려 방해가 될 수도 있다. 정치적으로 지향점이 같은 사람들이 모이는 데는 여러 이유가 있다. 하지만 자칫 주변만 보면 전체 국민의 뜻을 오해할 가능성이 있다. 유능한 정치인들이 여론조사를 더 자세히 볼 필요가 있는 이유가 바로 그것이다.

이상의 의문들은 기본적인 '여론조사의 과학성'과 관련한 문제다. 즉 알고 이해하면 풀린다. 하지만 이를 인정하더라도 또 다른 의문점이 남는다. 즉 조사기관의 능력과 조사관계자들의 도덕성이다.

과연 조사를 실시하는 기관들은 믿을 수 있는 결과를 낼 수 있을 만큼 유능한가? 그리고 조사기관은 과연 객관적이고 공정하게 조사를 진행하는가?

■ 타당성(정확성)과 신뢰성(안정성)

여론조사를 믿을 수 있는가 하는 문제를 논할 때 먼저 짚고 넘어가야 하는 개념이 타당성과 신뢰성이다.

타당성(정확성)

타당성이란 알고자 하는 것을 얼마나 정확하게 알아냈는가 하는 것이다. 예컨대 농구선수가 골을 잘 넣으면 그는 정확성이 있는 편이다. 선거 예측조사에서는 예측조사 결과가 투표결과와 크게 다르다면 그 조사는 정확하지 못한 조사, 즉 타당성이 없는 조사이다.

정확한 조사가 되기 위해서는 다음의 조건이 필요하다. 먼저 설문은 이론적으로 정교하고 현실적으로 적합해야 한다.

표본추출 역시 정확한 인구조사자료를 근거로, 정확한 전화번호 리스트를 가지고 계획대로 진행되어야 한다. 표본수가 많을수록 정확한 결과가 나오는 것은 당연하다. 하지만, 현실적으로 많은 인원을 조사하는 데에는 시간과 비용이 만만치 않게 든다. 그리고 표본조사를 하는 목적 자체가 시간과 비용을 적게 들이면서도 빠르고 정확한 결과를 얻는 것이다. 따라서 보통 1,000명 정도를 조사하는 경우가 대부분이고 간혹 1,500명을 조사하는 경우도 있다. 더 많은 예는 700명이나 500명 조사인데 역시 비용 문제로 표본수를 줄인 것이다. 이렇게 표본수를 줄이다 보면 하위단위 분석(특성별 분석)에 무리가 생긴다. 즉 "부산·경남지역의 경우 이OO 후보가 45.3%로 가장 높은 지지를 받았고……" 하는 등의 말이 정확하지 않게 된다. 전체 700명을 조사하더라도 지역별 인원은 100~200명에 불과하기 때문에 하위 분석에 무리가 따르는 것도 당연하다. 여론조사에서 표본추출의 정확성은 전체 인구—정치여론조사의 경우 유권자수—보다는 표본수에 좌우되기 때문이다.

실사에서는 ARS 조사가 논란이 된다. ARS는 녹음된 음성파일로 진행되므로 안정적인 결과를 얻을 수 있지만, 과연 이 방법을 가지고 여론을 정확히 파악할 수 있느냐 하는 의구심을 받고 있다.

전산 역시 정확하고 실수 없이 진행되어야 한다. 사소한 프로그래밍 실수가 큰 잘못으로 이어진다는 사실은 이미 앞에서 살펴보았다. 조사를 잘 해놓았는데 프로그래밍 잘못으로 빗나간 결과를 내놓는다면 정말 억울한 일이 아닐 수 없다.

마찬가지 이유로 보고서의 오타 역시 주의해야 한다. 오타가 날 수 있는 가능성은 어떤 문건에나 있지만 여론조사에서의 수치 오타는 치명적이다. 몇% 더 정확한 수치를 만들어내기 위해 설문에서 전산까지 모든 역량이 총동원되는데, 마지막에 타이핑 실수로 잘못된 수치가 발표된다면 어이없는 일이 아닐 수 있다. 보조인력인 타이피스트도 그래서 중요하다. 능숙함과 책임감은 어디서나 요구되는 자질이다.

그리고 분석상 조사의 범위를 넘어선 분석은 하지 않는 것이 좋다. 이는 결과 해석의 범위를 넘어서는 과도한 해석을 의미한다. 조사라기보다는 정치적 가십에 가까운 이유 달기, 숫자와 상관없는 정치적 예언 등은 읽는 이에게 잘못된 정보를 줄 수 있다. 이러한 의견을 주고 싶다면 좀더 비공식적인 방법을 이용하는 것이 좋다.

신뢰성(안정성)

신뢰성은 일관적인 결과를 내는 능력을 말한다. 정확성을 바로 알기 힘들다면 신뢰성에 의존하여 판단하게 된다. 축구선수가 찰 때마다 공이 원래 의도했던 방향과 다른 곳으로 간다면 그 선수는 믿을 만한 선수라고 할 수 없다. 어쩌다가 골을 넣었다고 해서 그 선수를 유능한 선수라고 쉽게 인정할 수는 없을 것이다. 컨디션의 기복이 심한 선수도 신뢰하기 힘들다. 이처럼 동일한 일을 반복했을 때 같은 결과를 낼 수 있는 안정성을 신뢰성이라고 한다.[26]

한 조사기관이 동일한 내용의 조사를 같은 날 두 개의 의뢰처로부터 받아 조사한다고 하자. 그런데 양자의 결과가 판이하게 다르다면 그 조사회사는 신뢰성이 없는 조사기관이 된다.

신뢰성을 갖기 위해서는 나름의 안정된 업무처리 시스템이 마련되어 있어야 한다. 많은 경험을 통해 정립된 최적의 업무처리 방법이 마련되어 이를 가지고 새로운 인력을 훈련하고 노하우를 전수해 가는 회사가 일관되고 안정적인 결과를 낼 수 있다.

■■ 좋은 조사기관 판별하는 법

어떤 조사기관이 믿을 만한 곳일까?

그렇다면 어떤 기관이 타당성과 신뢰성을 보여줄 수 있을까? 인력과 시스템의 두 측면에서 살펴볼 수 있다.

먼저 인력의 경우 연구원, 실사인력, 전산인력, 보조인력 등 조사 과정의 모든 이들이 자기 영역의 전문성을 갖추고 분업화되어 있어야 한다. 그런데 여기서 경력과 능력이 꼭 일치하지 않는다는 점을 짚고 넘어갈 필요가 있다. 경력이 많을수록 더 다양한 경험을 가지

---

26 이는 앞서 말한 "표본오차는 95% 신뢰수준에서 ±3.1%포인트이다 ……"라고 할 때의 신뢰도(신뢰수준)와는 다른 개념이다.

고 많은 프로젝트를 수행해온 사람일 가능성이 높다. 하지만 꼭 그런 것은 아니다. 절구를 백만 번 찍는다고 해서 도인이 되는 것은 아니다. 하물며 사회과학 분야의 모든 지식이 모이는 여론조사 분야에서랴.

또한 각 조사인력 별로 필요한 능력과 태도가 있다. 우선 연구원의 경우 왜 이 방법이 최선인지 고민하지 않고 빠른 처리만을 최상의 가치로 삼는 사람은 좋은 타이피스트는 될 수 있을지언정 능력 있는 연구원은 되지 못한다. 외부적으로는 의뢰인에게 신뢰를 심어줄 수 있고, 내부적으로는 조사에 대한 애착과 열정, 그리고 '연구'하는 태도를 가진 사람이 좋은 연구원이다.

전산, 실사, 타이피스트 등은 외부와 직접 접촉하지 않는 내부인이다. 이들의 경우 연구원을 통해 전달되는 여러 가지 다양한 상황과 요구에 잘 협력하면서도 자신의 영역에서 신뢰할 만한 결과를 내는 것이 유능함의 척도가 된다. 실사 슈퍼바이저의 경우 면접원 모집과 통제능력이 중요하다. 사람들을 데리고 하는 일이니 만큼 열정과 책임성이 있어야 한다. 실사 슈퍼바이저의 책임감이 부족하면 그가 맡은 조사는 일정에 맞추지 못하고 실패할 가능성이 언제나 존재한다.

전산 프로그래머의 경우는 빠르고 정확한 결과를 낼 수 있게 숙련되어 있으면서도, 정치조사의 특성을 잘 이해하면 좋다. 거기에 더하여 정치조사 외의 다른 조사도 많이 수행해서 다양한 프로그래밍 기법을 갖고 있다면 더 이상 바랄 게 없다. 이런 프로그래머는 마치 여러 가지 요구를 잘 소화하여 결과를 만들어내는 마법사와 같다.

보조인력의 경우 다양한 요구를 정확하고 빠르게 처리할 수 있는 숙련된 능력과 유연한 마음자세가 중요하다. 사실 보조인력은 다른 사람을 도와주는 것이 임무이다. 따라서 경력이 쌓일수록 자신의 업무에 불만을 갖게 될 수 있다. 하지만 이것은 자신의 존재가치를 떨어뜨리는 태도다. 자신의 경력이 많다고 해서 연구원을 통제하려 하면 불필요한 마찰이 생길 수 있다. 또 한편 맡은 업무에 대한 책임감도 잊지 않는 것이 바람직하다. 좋은 보조인력이 줄 수 있는 도움은 상상을 초월한다. 하지만, 그렇지 않을 경우 오히려 방해가 될 수도 있다.

그렇다면 바람직한 회사의 시스템은 어떤 것일까?

우선 각 인력들이 분업화되어야 한다. 연구원이 실사를 제외하고 모든 것을 하는 회사가 있다. 전산처리와 보고서 타이핑, 각종 잡다한 엑셀작업 등을 연구원이 다 한다. 연구원이라는 이름에 걸맞지 않은 일을 하는 셈이다. 연구원다운 사람을 뽑고 그의 재량과 책임을 인정하고 적절한 권한을 주는 것이 바람직하다. 왜냐하면 그래야만 연구원이 제 역량을 발휘할 수 있기 때문이다. 그리고 연구원이 아닌 직원에게 대외용으로 연구원 명함을 주는 경우도 있는데 정직하지 못한 일이다. 진정 연구원으로 키울 사람이라면 제대로 교육해서 진짜 연구원으로 만드는 것이 바람직하다.

두 번째는 각 영역의 인력들이 그 분야의 노하우를 쌓아가고 이를 후진에게 계속 전달해가는 회사가 좋은 회사다. 이런 회사는 시간이 갈수록 실력이 쌓인다.

세 번째로, 분업화되어 있으면서도 각각의 전문인력이 서로의 업무를 잘 알고 있어야 한다. 즉 각자는 자신의 업무 외에도 조사과정 전체에 대해 제대로 이해하고 있어야 한다. 그리고 개별 조사 프로젝트에 대해서도 서로 충분한 대화를 나누는 것이 좋다.

어느 조직이나 마찬가지로 사업부서가 아닌 지원부서는 자신들만의 업무의 선을 긋고 안주하는 경향이 있다. 각 부서가 열리지 않는 검은 상자와 같이 최소의 결과물만 밖으로 내보내고 속을 보이지 않는다면 이는 업무에 대한 자신이 없어 검수를 두려워하거나, 아니면 일을 편하게 하려는 태도라고밖에 볼 수 없다. 실사팀은 연구원의 감독을 두려워하지 않아야 한다. 전산팀은 한글(HWP파일)로 전환한 통계표뿐 아니라 자신이 만든 프로그램과 데이터파일까지 주는 것이 상식이다. 이 둘은 건축물의 설계도 및 자재와 같은 것이기 때문이다. 의뢰인이 연구원에게 그 프로젝트에 대한 전산 프로그램을 요청해보면 이런 검수 시스템이 잘 운영되고 있는지를 금방 알 수 있다. 연구원이 프로그램을 얻기 어렵다면 의뢰인에게 전달되기도 쉽지 않을 것이다.

네 번째로, 유연성이 시스템 내에 내재되어 있는 회사가 좋은 회사이다. 일단 최적의 업무 프로세스와 시스템이 자리 잡고 안정화되면 과거의 전통과 영광이란 함정에 빠질 수 있다. 갤럽, TNS 등의 조사기관은 최고의 인재들을 보유하고 있다. 갤럽의 경우 매우 안정된 시스템을 갖고 있어 4년 전, 2년 전, 현재의 조사결과가 오차범위 내에서 거의 변하지 않을 정도이다.

하지만 일부 유명회사는 수년간 같은 제안서와 보고서 형식을 유지하고 있다. 보고서의 어투, 그래프와 표 모양 등이 거의 변하지 않는다. 과거의 승리와 명성에 구성원들이 압도되어버리면 그래프와 표 형식 하나 바꾸는 것도 쉽지 않다. 익숙한 방식대로 하는 것이 편하기도 하고 능률적이기도 하다. 하지만 창의와 열정이 숨쉴 수 있는 여유는 늘 남겨두어야 한다. 기존의 업무처리방식을 넘어설 준비가 되어 있지 않다면 전통은 남을지언정 발전은 이루기 어렵다. 구형 T모델에 대한 포드의 집착이 오히려 포드사의 경쟁력을 떨어뜨렸다는 사실은 잘 알려진 예이다. 과거의 영광이 현재의 족쇄가 되지 않도록 해야 한다.

그리고 연구원이 손이 아닌 머리를 쓰도록 할 수 있다면 조사의 질은 한층 높아질 것이다. 그리고 실사에 많은 노력을 기울일 필요가 있다. 결국 숫자는 실사의 결과이기 때문이다. 조사는 대충 하려면 아주 대충 할 수 있다. 연구원이 고민하고 실사에서 정성을 들여한 조사와 그렇지 않은 조사는 겉으로 봤을 때 별 차이가 없다. 숫자의 뒤에 무엇이 있었는지 누가 알겠는가? 하지만 이는 연구원과 실무 스태프들만의 문제가 아니다. 결국 회사의 분위기에 달려 있다. 실무진들은 회사에 고용된 사람들일 뿐이다. 장기간의 성과를 보면 어떤 회사가 좋은 길을 택했는지가 드러난다.

단기적 물량 중심의 회사가 있고 좀더 장기적 시각을 갖고 있는 회사가 있다. 물론 영리를 추구한다는 점에서는 양자가 같겠지만 고객의 입장에서는 후자가 더 낫다. 하지만 단기적 시각을 갖고 있는 회사라고 해서 무조건 비난할 수는 없다. 왜냐하면 이는 회사의 재정상황과 연결되기 때문이다.

현재 한국에서는 한국갤럽, TNS KOREA, 한국리서치, 밀워드 브

라운 미디어리서치, 리서치 인터내셔널, 코리아리서치 그리고 리서치 앤 리서치 등이 지명도 높고 믿을 만한 조사기관으로 알려져 있다.

좋은 조사기관 알아내는 법 – 열매를 보아 나무를 안다

사실 앞에서 논의한 내용은 주로 언론기사를 통해 조사를 접하는 일반인들이 쉽게 알 수 있는 것들은 아니다. 오히려 조사기관에 있는 사람들이 스스로를 돌아보는 데 더 적합할지도 모른다. 하지만 조사회사와 간접적으로나마 관계를 맺고 있는 사람이라면 외부에서나마 냄새를 맡을 수는 있다. 과연 그 조사회사가 어떤 회사인지 위에 제시된 기준을 갖고 살피면 나름의 안목을 얻을 수 있는 것이다. 좋은 조사기관을 선택하는 것은 의뢰인들에겐 좋은 의사를 선택하는 것만큼, 조사기관에서 일하고자 하는 이들에게는 대학을 선택하는 것만큼 중요한 일이다.

이제는 앞에 제시된 것보다 더 쉽게 알 수 있는 방법을 소개하겠다. 조사기관, 의뢰인뿐 아니라 기자나 일반인들도 조금만 주의를 기울이면 조사회사의 실력을 알 수 있다. 언론과 조사를 하는 회사라고 무조건 잘 하는 것도 아니며 가격이 낮다고 늘 횡재하는 것이 아니다.

앞에서는 조사기관의 타당성과 신뢰성을 판별의 기준으로 제시하였다. 그렇다면 타당성과 신뢰성은 어떻게 가늠할 수 있을까?

먼저 타당성, 즉 조사가 얼마나 정확한지는 어떻게 알까? 예측조사의 경우 투표결과와 비교하여 알 수 있다. 즉 정답이 곧 발표되는 시험과 같다. 하지만, 일반 여론조사의 경우는 그렇지 않다. 찬성이

56.0%라고 하면 그러려니 하지 이게 맞는지 틀리는지는 알 수 없다.

여론조사의 목적은 보이지 않는 것(여론)을 볼 수 있도록 꺼내, 숫자로 표현하는 것이다. 때론 수치화할 수 없는 것을 수치화하는 것일 수도 있다. 사실 사람의 마음속에 있는 것을 찬성과 반대 혹은 1에서 4번까지로 정확히 나눌 수는 없다. 숫자로 표현할 수 없는 것을 숫자로 표시하기 때문에 정답이 없다. 애당초 국민이란 개념을 가정할 때부터 생긴 문제이기도 하다. 국민은 한 사람도 아니며 국민을 이루는 개개인의 마음도 딱히 나누어 숫자로 표현할 수 있는 것이 아니다.

어쨌든 이런저런 이유로 투표와 비교하는 경우를 제외하고 여론조사는 비교대상이 없다. 즉 정답을 모르는 시험과 같다. 아니 어쩌면 정답이란 것이 아예 존재하지 않을 수도 있다. 그리고 비교대상이 있다면 사실 여론조사를 할 필요도 없다. 답을 보면 되지 무엇 하러 시험을 치르겠는가. 여론조사의 목적은 조사회사의 능력을 측정하는 것이 아니다. 하지만 실제 조사결과를 해보면 조사회사의 능력이 비교된다. 어떻게 그럴 수 있는지, 그 방법은 무엇인지 살펴보자.

정답이 없는 경우, 즉 정답과 비교할 수 없는 경우의 타당성은 다른 것과의 비교를 통해 간접적으로 가늠해본다. 먼저 다른 조사방법과의 비교를 생각할 수 있다. 다른 방법으로 여론을 알 수 있을까? 많이 이야기되는 것이 밑바닥 민심과 인터넷 여론이다. 하지만 소위 밑바닥 민심을 아는 방법은 제한되어 있다. 전 국민의 민심을 무엇으로 파악하겠는가? 흔히들 시장상인들과 택시기사들을 만나보라고 이야기하지만, 역시 그 지역, 그 직업 사람들의 이야기일 뿐, 전체 국민의 의사와는 다를 수 있다. 동대문 상인들의 이야기는 동대문 상인들의 고충을 이해하고자 할 때 유용하다. 하지만 전 국민의 이야기와는 다를 수 있다.

인터넷 여론도 마찬가지다. 토론방이나 댓글에 참여하는 사람들은 제한되어 있고 한 사람이 수십, 수백 개의 댓글을 달 수도 있다. 인터넷 여론의 참여자가 전체 국민을 대표하지는 않는다.

신문기사도 마찬가지다. 언론은 기계적으로 사실만을 전달하는 게 아니라 언론기관과 집필자의 생각을 기사를 통해 표현한다. 10명의 시위를 1,000명의 시위보다 더 자세히 보도할 수도 있고 같은 사안을 두고 언론기관에 따라 다른 시각을 가질 수도 있다. 이것이 언론의 특징이다. 그러나 이런 이유로 기사의 논지는 전체 국민의 여론과 다를 수 있다.

결국 어떤 여론조사나 조사기관의 정확성을 알기 위해서는 타 조사기관과 비교하는 방법이 가장 유용하다. 즉, 동일한 조사를 여러 기관이 했을 때 한 기관만 상이한 결과를 나타낸다면 그 기관의 조사는 의구심을 받게 된다.

타당성이 높다고 할 수 있는 예를 하나 들어보자. 2006년 지방선거에서 열린우리당 서울시장 경선후보는 강금실 전 법무장관과 이계안 의원이었다. 후보를 선출하기 위한 경선여론조사에서 두 개의 여론조사기관이 각각 1,200명씩 조사를 하였다. 물론 예상된 바와 같이 강금실 후보의 지지율이 더 높았다. 하지만, 놀라운 것은 두 조사기관의 수치가 놀라울 정도로 비슷했다는 것이다. 강금실 후보 지지율만을 볼 때 양사의 결과 차이는 불과 0.5%도 안 되는 수치였다.

표 차이로 보면 5표 정도이다. 다른 인력과 나름의 시스템을 갖고 있는 두 회사지만 동일한 결과가 나온 셈이다. 사실 한 조사회사가 하루에 2,400명을 조사해서 그 결과를 2개로 나눈다고 해도 이런 결과가 나온다고는 장담할 수 없다.

두 회사의 조사가 거의 같은 결과를 낸 것은 당시 두 기관의 조사가 상당히 타당성이 높았음을 말해준다. 그래서 정치여론조사 담당자들은 늘 타 기관들의 조사결과와 자신들의 결과를 비교하여 혹 뒤지는 않았나 살펴보게 된다.

그리고 설문을 보고 객관적 원칙에 맞게 만들어졌는지 보는 것도 조사의 타당성을 가늠하는 방법이다. 눈금이 흐린 자로는 정확한 측정을 할 수 없다. 앞서 이 책에서 설문에 대하여 설명한 부분이 도움이 될 것이다.

신뢰성의 경우 조사기관이 신뢰성을 인정받으려면 같은 조사를 반복했을 때 일관성 있는 결과를 내야 한다. 같은 조사를 비슷한 시기에 반복했는데 별 이유 없이 결과가 매회 달라진다면 신뢰성에 의심을 받게 된다.

예를 들어 다음의 표를 보자. 《조선일보》2007년 7월 2일 기사[xxvii]에서 한나라당 경선조사 설문문구에 대한 이명박 측과 박근혜 측 간의 갈등을 보도하면서 제시한 표이다. 어떤 질문을 썼을 때 어떤 결과가 나왔는가를 나타내는 표이다. 그런데 여기서 특이한 점이 있다. 같은 조사기관이 같은 시기에 다른 언론사와 동일한 질문을 진행했다는 것이다.

즉 같은 시기에 조사를 두 번 했다는 말인데 그 두 번의 조사결과

(조사일시 : 6월 30일)

조사기관	질문방식	주요후보	지지율(%)
조선일보 · TNS 코리아	누가 다음번 대통령이 되는 것이 좋은가?	이명박	39.4
		박근혜	27.6
		손학규	5.3
	만일 오늘이 선거일이라면 누구에게 투표하겠는가?	이명박	37.9
		박근혜	26.5
		손학규	5.2
SBS · TNS 코리아	누가 다음번 대통령이 되는 것이 좋은가?	이명박	40.2
		박근혜	25.2
		손학규	5.5
	만일 오늘이 선거일이라면 누구에게 투표하겠는가?	이명박	38.8
		박근혜	26.0
		손학규	6.1
동아일보 · 코리아리서치	대통령감으로 누가 가장 낫다고 생각하는가?	이명박	38.8
		박근혜	24.9
		손학규	8.5
MBC · 코리아리서치	대통령감으로 누가 가장 낫다고 생각하는가?	이명박	39.8
		박근혜	24.4
		손학규	6.8

가 놀라울 정도로 비슷하다. 예컨대 이명박 후보의 지지율만 비교해보자.

TNS는 '누가 다음 번 대통령이 되는 것이 좋은가'라는 설문을 갖고 조선일보, SBS와 각각 조사를 진행하였다. 결과는 39.4%, 40.2%로 1%p도 차이가 나지 않는다. '만일 오늘이 선거일이라면 누구에게 투표하겠는가'라는 다른 설문에서도 마찬가지로 차이는 1%p 이내이다. 보기 좋게 새로운 표로 정리해보면 다음과 같다.

수행기관/설문		누가 다음 번 대통령이 되는 것이 좋은가	만일 오늘이 선거일이라면 누구에게 투표하겠는가
TNS	조선	39.4	37.9
	SBS	40.2	38.8
차이		0.8	0.9

표시단위(% 등)는 편의상 생략

코리아리서치의 경우 '대통령으로 누가 가장 낫다고 생각하는가'라는 설문을 가지고 동아일보, MBC와 각각 조사를 진행하였다. 이 질문의 결과도 38.8%, 39.8%로 1%p 정도밖에는 차이가 나지 않는다.

1,000명 전국 조사시 표본오차가 95% 신뢰도에서 3.1%p 정도인 것을 감안하면 놀라운 결과라고 할 수 있다. 조사에 자신이 없는 기관은 하루에 두 번 조사를 하지 못한다. 두 개의 결과가 상이할 경우 조사기관의 신뢰에 악영향을 미치기 때문이다.

그렇다면 '한 번 조사를 해서 두 곳에 주는 것(비용은 두 곳에서 다 받고)은 아닐까?' 하는 의문을 갖는 독자도 있을 것이다. 하지만, 각 언론기관에서 의뢰받아 만든 설문지에는 이 질문 외에도 다른 질문들이 여럿 있다. 두 곳에서 의뢰받은 질문들이 다른데 어떻게 한 번 조사하여 두 곳에 주겠는가? 물리적으로 가능하지도 효율적이지도 않다. 두 곳에서 의뢰받은 설문이 100% 일치하지 않는 이상 한 번 조사로 두 곳에 전달한다는 것은 힘든 일이다.

물론 이 경우에도 두 곳의 설문을 합쳐서 하나로 만든 후 한 응답자에게서 두 곳의 설문을 연달아 받는 경우를 가정할 수 있다. 이 경우 한 사람에게 받는 설문이 두 배 가까이 길어지게 되는 셈이다. 하지만, 이런 일을 할 수 있을 정도로 충분히 부도덕할뿐더러 용감한 회사가 있으리라고는 생각되지 않는다. 이 경우 응답자를 피로하게 하여 응답률이 낮아질 뿐 아니라 조사의 질 자체가 떨어진다.

무응답률도 신뢰성(안정성)을 측정할 수 있는 간접 자료이다. 같은 설문을 반복하는데 무응답률이 자꾸 달라진다면 그 기관의 실사 관리에 문제가 있다는 신호로 볼 수 있다. 후보 지지율이 변하는 것은 당연하지만 특별한 이유도 없이 무응답률이 일정하지 않으면 실사가 일관적으로 이루어지지 못했다는 의구심을 받을 수 있다. 물론 이러한 판단을 할 때는 신중을 기해야 한다. 실제 어떤 정치적 사건이 발생하여 무응답률에 영향을 미쳤을 수도 있기 때문이다.

■■ 조사의 왜곡

앞에서 조사회사의 '능력' 문제를 이야기했다면 이제부터는 조사에 관련된 사람들의 도덕성에 관해 다루고자 한다. 다른 말로 하면 '의도적 왜곡이 가능한가' 라는 의문에 대한 답이다.

　다음에 제시된 뷰스앤뉴스[xxviii] 기사는 사람들이 얼마나 여론조사의 도덕성에 대해 의문을 갖고 있는가를 보여준다.

―― 박근혜측 "한국갤럽 전회장, 이명박 선대위서 물러나라"

최시중 씨 상임고문 임명 계기로 '여론조사 의혹' 제기

두달 전까지 한국갤럽 회장이던 최시중 씨가 이명박 선대위의 상임고문에 위촉된 것과 관련, 박근혜 선대위측이 29일 한국갤럽의 그동안 여론조사에 강한 의혹을 제기하며 최씨에게 즉각 선대위에서 물러날 것을 촉구하고 나섰다.

박근혜 선대위의 구상천 공보특보는 이날 논평을 통해 "우리나라 최대 여론조사기관인 '한국갤럽' 의 최시중 전 회장이 28일 이명박 후보 선대위의 상임고문으로 위촉됐다" 며 "그동안 국민들이 유독 박근혜 후보의 지지율에 인색하다는 평가를 받아온 '한국갤럽' 의 여론조사 결과를 왜 믿지 않았는지 이제 그 이유를 알겠다" 고 말했다.

-2007년 7월 29일, 김동현 기자

개인적으로 조사기관이 특정 정치세력의 영향을 받아 조사를 왜곡한다고는 생각하지 않는다. 특히 유명 조사기관의 경우 생명 자체가 위태로워지기 때문에 그럴 가능성은 크지 않다고 본다.

하지만 후보 하나하나로부터의 수주가 중요하게 되어버린 열악한 재정상황에 있는 회사의 경우에는 기관의 중립성이 흔들릴 수도 있다. 사실 이것은 조사기관의 윤리라기보다는 의뢰자의 윤리로 다루는 것이 좀더 적합할 것이다. 왜냐하면 이때의 강자는 의뢰인이기 때문이다.

'내가 원하는 걸 네가 대신 말해줘' - 의뢰자의 윤리

여론조사의 1차 목적은 여론을 정확하게 측정하는 것이다. 그리고 정확한 결과를 토대로 현실을 진단하고 미래의 방향을 설계하도록 돕는 것이 그 다음 목적이다. 그런데 이러한 원래 목적을 벗어난 다른 의도가 조사 본연의 목적을 압도할 때 문제가 생긴다. 그러면 어떤 다른 의도가 있을 수 있을까?

모든 후보들은 자신에게 유리한 여론조사결과가 나오면 이를 널리 알리고 싶어한다. 지지율뿐 아니라 정책적인 쟁점도 마찬가지다. 하지만 공정하고 객관적인 조사를 통해 그런 결과가 나오지 않는다면? 그리고 이때 직간접적으로 여론조사기관을 압박하여 자신에게 유리한 결과를 내도록 한다면? 이때의 여론조사는 조사가 아니라 조작이 된다.

이보다는 좀더 나은 경우도 있는데, 이미 조사결과를 확신하고 이를 명망 있는 조사기관의 조사를 통해 '공증' 받으려 하는 경우다. 즉,

주장의 근거로 '국민의 뜻' 을 드는 것이다. 하지만, 이 경우에도 많은 비용이 드는 조사를 했는데 그 결과가 예상과 다르게 나왔을 경우 어떻게 하겠는가?

다음의 상황을 생각해보자. 매출압박을 받는 상황에서 의뢰인이 작은 것을 가지고 트집을 잡으며 대금지급을 미루고 있다. 말로 표현되지는 않지만 상황상 너무나도 명확한 메시지가 의뢰인으로부터 전달될 때 당신이라면 그것을 거부할 자신이 있는가? 당신의 앞에는 높은 지위와 권력을 가진 의뢰인이 있다. 당신 뒤에는 이미 수행한 조사에 대한 수당을 받기 원하는 직원들과 면접원들이 있다.

그 의뢰인은 높은 지위에 있는 사람이다. 그를 거부하는 것은 단지 미수금이 늘어나는 것 이상의 것을 의미할 수도 있다. 그 가운데에서 용기를 낼 자신이 있는가? 고객을 주의 깊게 선택하라.

반면 의뢰자는 원하는 결과가 나오지 않을 때 그것을 받아들일 준비가 되어 있는가? 그러고도 아무데도 쓰지 못할, 오히려 숨겨야 할지도 모르는 조사결과에 대금을 지급할 것인가? 그럴 용기가 없다면 조사를 의뢰하지 마라.

그리고 의뢰인이 조사를 홍보수단으로 삼고자 할 때 문제가 발생한다. 먼저 ARS 조사의 경우 낮은 응답률로 인해 일정수의 표본을 얻기 위해 그 10배 정도 되는 통화를 하게 된다. 이를 이용하면 자신의 이름을 알릴 기회로 선거조사를 활용할 수도 있다. 1,000명에게 식사를 제공하지는 못하지만 한 번의 조사로 그 10배 되는 사람에게 자신의 이름을 알릴 수 있다면?

전화조사는 이보다 더 정교한 방법으로 자신을 홍보하는 데 쓰일 수 있다. 설문을 갖고 대답을 유도하는 것이다. "우리 시의 발전을 위해서는 어떤 사람이 적합하다고 생각하십니까?"라는 물음이 아닌 "우리 시의 발전을 위해서는 저 같은 사람이 적합하겠지요?"라는 은근한 권유가 설문의 내용이 된다. 전화조사의 응답률은 20% 정도로 1,000명 조사시 5,000명 정도와 통화를 하게 된다.

유혹 - 조사회사의 윤리

조사회사는 세금으로 운영되는 공공기관이나 복지재단이 아니다. 지식을 팔아 영리를 추구하는 기업이다. 장기 고객이 될 수 있는 후보가 조사결과에 낙담하여 선거를 포기하게 된다면 손해가 아닐 수 없다. 선거기간 동안 꾸준한 매출을 올려줄 수 있는 고객이 사라지는 것은 회사 대표나 매출을 책임지는 부서장에게는 아쉬운 일이다. 이때 의뢰자에게 거짓된 희망을 주고 싶은 유혹이 생긴다. 설문이든, 실사든, 보고서의 어투든 가능한 모든 방법들을 동원해서 말이다. 명백한 불법이라고 할 수 없는 범위에 있다 할지라도 후보자에게 희망을 주려는 마음이 너무 강하면 조사의 원래 목적인 객관적 여론 파악에서 벗어날 수 있다.

그러므로 의뢰자는 말의 잔치 속에서도 객관적으로 사실을 볼 수 있는 시각을 가져야 한다.

큰 회사의 경우 튀는 결과가 생길 때 조사회사의 명성에 흠집이 날 것을 우려해 조사결과에 손을 대고 싶은 유혹을 느낄 수 있다. 예상과 조사결과가 다를 때, 즉 이제까지의 상식이나 추세와는 자못 다른 결과가 나왔을 때 당신이 연구원이나 임원이라면 어떤 반응을 보이겠는가? 이 정당은 그 지역에서 30%의 지지는 나와야 하는데 10%밖에 안 나왔다면? 먼저 실수가 없었는지 살펴볼 것이다. 하지만 아무리 살펴도 잘못된 곳이 없다면?

그래도 당신은 조사결과에 확신을 갖고 의뢰자에게 제출할 수 있겠는가? 내 조사결과가 이렇게 나왔으니 그 사이 여론이 바뀐 것이 틀림없다고 주장할 수 있는가? 설령 결과에 확신이 있어도 이를 의뢰자가 납득하도록 설득할 수 있는가? 아니면 고민만 하고 있겠는가?

그것도 아니면 몇 명의 응답을 슬쩍 바꿈으로써 납득 가능한 범위의 통계(예컨대 17% 정도)를 만들어내겠는가? 응답을 바꾸는 것은 입력된 로데이터 파일의 수치 몇 개만 바꾸면 가능한 일이다.

앞에 나오는 예들은 영화에 나오면 좋을 법한 상황들이지만 조사에 관련된 사람이라면 한 번쯤 고민해볼 만하다고 본다.

면접원에 의한 조작이 가능한가

많은 이들이 의문을 갖고 있는 점이 칸막이 안에서 응답을 체크하는 면접원들이 조사결과를 조작할 수 있는가 하는 것이다. 특히 경선조사처럼 이해관계가 큰 조사에서 이런 의구심을 많이 갖게 된다. 상대후보 측이 면접원을 매수하지는 않았을까? 다른 캠프의 조직원이 면접원으로 잠입하지는 않았을까? 실제 어느 한쪽 후보에 편향된 면접원이 그 후보에 유리하도록 고의로 결과를 조작하려고 한다면 그 결과는 심각할 것이다.

그러나 실제 그런 경우보다는 면접원이 사소한 편리나 이익을 위해 부정을 저지를 가능성이 더 크다. 부수에 따라 수당을 받을 때 이런 일이 있을 수 있다. 달성부수를 높이려는 것이다. 부수당 급료를 지급하는 방식은 면접원의 집중도를 높이는 장점이 있다. 하지만 되도록 짧은 시간에 많은 부수를 달성하기 위해 면접원이 설문을 자기 나름대로 쉽게 편집하여 읽는 경우가 있다. 더 심한 경우는 거짓으로 응답을 표기하는 것이다. 부가질문이 있는 경우 이를 피하기 위해 응답을 거짓으로 표기하는 것이 그 예이다. 예컨대 문6)에서 찬성하는 경우에만 문6-1)을 질문한다고 하자. 문6-1)을 건너뛰기 위해 응답자가 찬성을 표시해도 반대로 표기하고 넘어갈 수 있다. 심지어는 통화를 하지 않으면서도 통화를 하는 척 응답지에 표기하는 경우도 가능하다. 물론 이런 경우는 아주 드물며 이런 행동을 하는 면접원은 적발 즉시 퇴출된다.

면접원이 고의로 자신이 지지하는 후보로 응답을 몰아간 사례는 아직 들은 바 없다. 또한 보통 하나의 조사에는 여러 명의 면접원이 투입되므로 부정 가능성과 그 영향은 크지 않다. 한 명의 면접원이 조작하더라도 다른 면접원들의 결과와 비교하면 쉽게 드러나기 때문이다.

누구나 믿는 여론조사가 있는 반면 아무도 믿지 않는 여론조사가 있을 수 있다. 누구나 관심을 갖는 조사가 있는 반면 아무도 관심 갖지 않고 검찰 등 사법기관만이 관심을 보이는 조사도 있다.

모든 것의 기본은 방법론상의 객관성과 진행상의 공정성이다. 객관성과 공정성 자체가 신뢰를 얻는 비법이다.

경선
조사

■■ 조사, 투표를 대신하다

여론조사는 여론을 파악하는 데 쓰인다. 몇몇 주위 사람의 말만 들어서는 전체 국민의 의견을 알 수 없다. 한편 전체 국민의 뜻을 물어보는 투표는 엄청난 시간과 비용이 들기 때문에 자주 실시할 수 없다. 반면 여론조사는 적은 비용과 시간을 들여서 정확한 여론을 알 수 있게 하는 유용한 도구이다.

여태껏 여론조사는 투표의 보조수단으로 자리잡아왔다. 투표의 결과를 예측하는 선거예측조사는 투표결과를 기다리는 사람들에게 제공하는 오락물에 불과하다. 때때로 정당이나 언론에서 조사하는 여론조사는 특정 사안에 대한 국민의 의견을 묻는 것으로 정책결정의 참고자료일 뿐 실제 투표와 같은 직접적 결정권이 없다. 선거에 참여하는 후보가 개인적으로 실시하는 조사 또한 실제 투표에 대한 모의고사 같은 성격을 가질 뿐이다.

투표가 가지는 권위를 뛰어넘는 것은 없다. 의사결정의 참고자료가 아닌 의사결정 자체가 되는 투표야말로 신성한 국민의 뜻 그 자체이며, 민주사회에서 이보다 강력한 권위를 갖는 것은 없다.

하지만 최근에는 여론조사가 참고자료가 아닌 결정 자체로 쓰이는 경우도 있다. 바로 경선조사가 그 예이다. 가장 극적인 예가 노무현과 정몽준의 2002년 대선후보 단일화 경선이다. 여론조사만으로 후보를 단일화한 경우로 두 조사기관 중 한 곳의 조사는 무효 처리되고 다른 한 곳의 조사에서 앞선 노무현 후보가 단일후보가 되었다. 양자의 지지율 차이는 5%도 되지 않았다. 노무현 후보는 결국 대통령이 되었으니 5%가 안 되는 차이가 두 후보와 국가의 장래를 결정한 셈이다. 이는 조사가 투표를 대신하여 결정권을 행사한 예이다. 사실 이 경우는 두 후보의 소속정당이 다르기 때문에 불가피한 점도 있었다. 당원 투표가 불가능한 상황이었기 때문이다.

반면 2007년 한나라당 대선후보 경선은 한 정당 내의 후보가 여론조사에 의해 결정된 경우이다. 이명박 후보는 선거인단 투표에서 박근혜 후보에게 뒤졌지만 결과적으로 승리했다. 여론조사에서 높은 지지를 얻었기 때문이다. 조사가 투표를 압도하는 순간이었다. 투표와 조사를 합한 득표차는 1.5%p 정도밖에 나지 않았다. 그 결과 이명박 후보는 한나라당 대선후보로 출마하여 17대 대통령으로 당선되었다.

2006년 지방선거에서는 거의 모든 정당에서 후보선정 과정에 여론조사를 포함시켰다. 투표와 조사가 함께 결정에 참여함으로써 투표가 가지던 유일무이한 정당성을 조사가 나누어 가지게 되었다.

경선조사의 문제점

조사가 투표의 권위를 나누어 갖는 과정에서도 문제점이 생긴다. 우선, 정치적인 측면에서의 논란이다. 선거인단 투표는 주로 당원과 지지자로 이루어진 반면 여론조사는 당과 상관없는 전체 국민의 의견이다. 실제 투표에서 그 정당을 지지하지 않는 사람들도 조사에 참가한다.[27] 이 때문에 논란이 일어나기도 하고 그에 따라 여론조사의 반영비율이 낮아지기도 높아지기도 한다.

다음은 조사 자체에 내재된 문제이다. 투표는 그 집계 자체로 결정되므로 투표자의 구성이 성별, 지역별 인구비와 일치하지 않더라도— 실제 일치하는 경우는 거의 없다.—논란이 되지 않는다. 전체 유권자 중에서 투표에 참여하는 사람들의 의견만이 반영된다. 투표율이 낮아서 걱정하는 목소리는 있을지언정 투표의 권위를 전면 부정하는 목소리는 없다.

하지만 여론조사는 그렇지 않다. 조사는 조사된 소수의 사람들(표본)의 구성이 전체 국민의 구성과 같을 때 정당성을 갖는다. 소수를 조사해도 전체 유권자의 의견을 알 수 있는 것이 여론조사의

---

27 따라서 지지정당을 묻는 설문을 통해서 해당 정당의 지지자들에게만 의견을 묻는 경우도 가능하다. 하지만 이런 경우에는 지지율이 낮은 정당에 대해서는 조사가 어렵다는 문제가 있다.

의의다. 그러나 아무리 공정하고 객관적으로 표본을 선발했다고 해도 수치상 존재하는 오차라는 것은 피할 수 없다. 1,000명 조사시 3.1%p 등의 오차범위가 그것이다. 여론조사와 표본조사의 개념 자체에 뽑힌 사람과 전 국민의 차이인 표본오차가 존재한다. 이것이 표본조사라는 마법의 한계이다.

경선조사의 장점

반면 여론조사[28]의 장점도 명확하다. 여론조사에는 투표를 거치면서 나타날 수 있는 무질서와 혼란의 소지가 없다. 동원선거, 조직선거라는 불명예를 쓰지도 않는다. 경선여론조사가 진행되는 동안 지지자들은 유세현장이나 투표장에 나가서 외치기보다는 혹 걸려올지 모르는 전화를 차분히 기다린다.

또한 비용도 적게 들고 투표에 비해 관리하기도 쉽다. 전체 유권자의 뜻이라는 점에서 당선 가능성이 높은 후보를 뽑을 수 있다는 것도 장점이다.

■■ 성공적인 경선의 비결

경선여론조사가 성공적으로 치러져서 패자가 기꺼이 승복하고 승자도 거리낌이 없는 조사, 그래서 하나의 잔치처럼 열리고 끝난 후 바

---

28 여기서 말하는 경선여론조사는 표본추출에 의해 인구비에 맞게 표본이 고르게 뽑히는 조사에 한한다. 표본추출을 사용하지 않는 대규모 인터넷 조사나 모바일 조사는 해당되지 않는다.

로 본선거로 달려갈 수 있게 해주는 조사가 된다면 이처럼 고마운 일도 없다. 전체 경선과정의 성공에 기여하는 것은 물론 정당의 이미지 및 본선거에서의 승리 가능성도 크게 높일 것이다.

하지만 그동안 우리의 정치현실은 이와 거리가 있었던 것이 사실이다. 이 와중에서 경선승복 여부를 둘러싸고 도덕성만을 논하는 것은 다소 부족하다. 이상적인 경선여론조사가 이루어지기 위해서는 조사 자체가 객관적으로 설계되어야 하고 공정하게 관리되어야 한다. 그리고 그 모든 규칙이 경선 실시 오래전에 만들어져 있어야 한다.

투표에 비해 적은 숫자로 진행되는 여론조사의 본질적 특성상 설문에서 보고까지 모든 과정이 과학적인 표본추출방법에 의거하여 공정하고 객관적으로 이루어져야 한다. 여론조사가 투표를 능가하는 정당성을 얻기 위해서는 과학성과 객관성이 전제되어야 하기 때문이다. 그리고 그 원칙에 맞는 경선여론조사의 규칙을 미리 정해야 한다.

여론조사에 무슨 규칙이 있을까? 보통 설문지 만들기, 표본추출, 실사 진행 등 전반적인 과정의 진행은 조사기관마다 큰 차이가 없다. 하지만 경선조사처럼 이해관계가 첨예하게 대립되는 상황에서는 사소한 문제도 논란거리가 될 수 있다. 따라서 이런 부분을 명확하게 미리 규정하고 조사를 진행하는 것이 바람직하다. 각 조사기관에서 언론 등과 수행하는 여론조사의 경우 여론조사기관의 재량이 크지만 경선조사의 경우는 결과에 영향을 줄 수 있는 모든 경우를 미리 염두에 두어 명문화하는 것이 좋다.

모든 경기가 미리 정해진 규칙 안에서 진행되듯이 경선 역시 그러해야 한다. 그리고 이 규칙은 되도록 빨리 정해지는 것이 바람직하다. 선거과정이 어느 정도 진행되어 어떤 방법이 누구에게 유리하고, 경쟁은 얼마나 치열한지가 가시화되기 전에 규칙을 정해야 정하기도 쉽고, 조사결과에 대한 승복도 기대할 수 있다. 대학입학 과정에서도 시험 직전에 전형방법을 바꾸면 혼선이 빚어진다. 바뀌는 제도에 따라 어떤 수험생에게는 유리해지고 어떤 수험생에게는 불리해진다. 결국 제도가 사람의 운명을 결정할 수 있다. 하지만, 일찌감치 제도를 확정하면 수험생들은 그 제도에 맞추어 공부한다. 여론조사를 비롯한 경선규칙도 일찍 정해놓는 것이 바람직하다.

먼저 여론조사의 비율을 몇 %로 할지를 정해야 한다. 이는 정답이 없고 각 정당의 사정에 맞는 정치적 결정이다. 단 미리 정해놓지 않으면 심각한 분쟁이 일어날 수 있다. 선거가 가까워옴에 따라 여론조사에서 어느 후보가 몇 % 정도의 지지율을 얻는지가 이미 어느 정도 알려져 있기 때문이다. 결국 여론조사의 반영비율 자체가 어느 후보에게 몇 개의 표를 주느냐로 연결된다. 여론조사에서 앞서 나가는 후보의 경우 여론조사의 비율을 높게 잡기 원할 것이고 그렇지 않은 후보의 경우 비율을 낮게 잡자고 주장할 것이다. 미리 당원 또는 선거인단 투표와 여론조사의 비율을 정해놓으면 각 후보는 그에 맞추어 선거운동을 진행하게 된다. 여론조사의 비율이 높다면 그만큼 일반 국민에게 다가갈 수 있는 선거운동방법을 구사할 것이고, 당원투표의 비율이 높다면 당원들에게 더 많이 신경을 쓸 것이다. 후보들의 정책성향도 달라질 수 있다. 일반 여론이 원하는 정책과 당원들이 원하는 정책에 차이가 있을 수 있기 때문이다. 정당의 정치적·정책적 성향이 뚜렷할수록 더욱 그렇다.

그리고 조사표본은 몇 명으로 할 것인지, 조사시간은 언제로 하는 것이 가장 합리적인지, 인구비에 따른 조사를 위해 성, 연령, 지역 등을 기준으로 한 할당표를 만들 때 기준이 되는 인구는 어떤 시점의 어느 자료를 쓸 것인지 등을 정해야 한다.

또한 설문지의 문구, 특히 가장 핵심적인 지지율 문구를 어떻게 정할지도 합의해야 한다. "누가 가장 적합하다고 보십니까?" "누가 가장 경쟁력이 있다고 보십니까?" "누구를 지지하십니까?" "오늘이 투표일이라면 누구에게 투표하시겠습니까?" 등 수도 없이 많은 문구 중 어느 것으로 할지를 정해야 한다. 그리고 설문 내에서 후보를 소개하는 경력은 몇 개를 어느 정도의 길이로 쓸지도 정해야 한다. 후보들이 유권자들에게 잘 알려져 있지 않을수록 경력은 매우 중요하다. 많은 유권자는 면접원이 불러주는 후보의 이름과 경력만을 듣고 판단할 것이기 때문이다.

인구비에 따른 할당표는 얼마나 세분하여 만들 것인지, 즉 연령은 몇 개 그룹으로 나누고 지역은 어떻게 나눌 것인지도 정해야 한다. 그리고 정한 시간 내에 할당을 채우지 못할 경우 어떻게 할지에 대해서도 명확한 기준을 세워야 한다. 할당표대로 100% 진행하기란 참으로 어렵기 때문이다. 다른 비슷한 집단에서 대신 모집할지, 아니면 전산처리를 통한 가중치를 적용할지를 결정해야 한다. 그리고 조사시간은 어느 정도까지 융통성을 주어야 할지도 정해야 한다. 조사가 더 진행됨에 따라 표 차이가 날 수 있기 때문이다. 정한 표본보다 더 많이 조사했을 경우 어떻게 처리할지도 정해야 한다. 모두 인정할 것인지, 자를 것인지를 정해야 뒤탈이 없다.

전산처리에서의 가중치는 여론조사의 비율을 몇 %로 할지를 말하는 것이 아니다. 목표한 인구비에 어긋나더라도 그냥 인정할 것인지, 아니면 늘리고 줄여서 인구비에 맞게 조정할 것인지를 결정하는 문제이다. 후보간의 표 차이가 매우 적다면 가중치 적용 여부에 따라 당락이 엇갈리는 경우도 생길 수 있다.

그리고 후보 간 지지율 차이가 작을 경우 이를 어떻게 처리할지를 놓고도 논란이 있을 수 있다. 선거인단 투표와 병행할 경우 그대로 반영하면 되지만 여론조사만으로 결정할 경우 어느 정도까지 그 차이를 인정할 것인가가 관건이 된다. 특히 격차가 오차범위 안에 있을 경우 어떻게 처리할 것인지도 미리 정해야 한다.

그리고 조사기관은 몇 개를 어떻게 선정할지도 정해놓는 것이 좋다. 한 조사기관의 조사에 의존하기보다는 복수 조사기관을 선정해서 양쪽의 결과를 비교하는 것이 바람직하다. 결과에 대한 승복을 유도할 수 있다는 점에서도 그렇고, 조사의 타당성(정확성)을 확인하는 방법이 될 수 있다는 점에서도 그렇다. 앞서 정한 모든 조건이 같은 상황에서 두 기관의 조사결과가 크게 차이가 난다면 적어도 한 곳의 결과가 잘못되었을 가능성이 높다.

조사기관 간에는 조사기간, 시작시간과 마감시간, 설문지, 할당표, 전화번호부 등 여러 요건을 동일하게 하는 것이 좋다. 두 기관을 더욱 객관적으로 비교할 수 있을 뿐 아니라, 어느 조사기관의 결과를 더 믿을 수 있는가 하는 논란에 빠지지 않기 위해서도 그렇다. 후보

간의 지지율 차이가 별로 없는 지역의 경선여론조사에서 한 기관의 조사에서는 A후보가, 다른 기관의 조사에서는 B후보가 앞섰을 경우 양자를 단순합산하는 것이 좋겠지만 두 기관에 대한 신뢰에 차이가 있다면 논란이 생길 수 있다. 자신에게 불리한 결과를 낸 조사기관에 대한 의문을 제기하지 못하도록 조사기관을 선정할 때도 미리 신뢰할 만한 기준을 제시하고, 조사시에는 제반 조건을 조사기관 간에 동일하게 하는 것이 바람직하다. 그렇지 않으면 어느 기관의 조사방법이 더 옳았는가를 놓고 논쟁에 휘말릴 가능성도 있다.

경선 참관인을 허용할 것인가와 그들의 활동범위도 미리 정하는 것이 좋다. 참관인이 면접원에게 접근하는 것은 막는 것이 좋다. 조사 중은 물론이고 조사 후에도 마찬가지다. 몇 명의 면접원을 붙잡고 누구 지지가 더 많은가 하고 물었다가 나중에 면접원들의 이야기와 조사결과가 다르다며 의혹을 제기할 가능성이 있기 때문이다.

2006년 열린우리당 지방선거 관련 경선여론조사는 이상과 같은 원칙이 합리적으로 잘 만들어졌던 예이다. 한편 논란이 될 만한 부분을 미리 파악하여 규칙을 정하였을 뿐 아니라, 조사의 원칙과 현실적 어려움을 동시에 고려한 융통성을 발휘하여 현실에서 가능한 최선의 방법을 고안하려 노력하였다.

예컨대 표본수와 설문내용, 조사시간, 할당조정, 질문지, 참관, 조사결과에 따른 재조사 여부 등에 대한 기준을 마련하면서 할당표를 성별, 연령별, 지역별 인구비례에 따라 하되 연령구분을 20, 30, 40, 50, 60대 이상 등으로 세분화하지 않고 3개 또는 2개 구간으로만 나누어 융통성을 보였다. 그리고 할당을 시간 내에 채우지 못하였을 때의 처리방법도 제시하였다.

조사에 쓰일 전화번호 CD는 당에서 배부하여 전화번호 데이터베이스가 달라서 발생할 수 있는 차이를 배제했다.

설문은 '경쟁력'을 묻는 질문으로 진행하되 보조 질문(캐어묻기)을 1회로 제한하는 등의 기준을 두었다. 후보의 경력을 2개까지 사용하되 후보 측으로부터 받도록 했고 경력에는 전직과 현직을 명확히 구분하여 유권자에게 잘못된 경력정보를 주지 않도록 하였다. 장식적인 어구도 제한하여 객관성을 유지했다.

이상과 같은 열린우리당의 경선여론조사 규칙은 그해 여러 정당에서 치러진 경선여론조사 규칙들 중 가장 자세하고도 합리적이었다고 평가할 수 있다.

출구조사
― 멸종이 예정된 동물

■■ 출생 ― 궁금증과 조바심의 아들

출구조사는 투표를 마치고 나오는 사람들에게 누구를 찍었느냐고 묻는 조사이다. 일반 여론조사와 비슷해 보이지만 일반 여론조사가 전화조사방법을 택하는 데 반해 출구조사는 면접조사방법을 이용한다. 즉 면접원이 직접 응답자를 만나서 조사를 하는 방식이다.

그리고 여론조사가 일반적으로 "오늘이 투표일이라면 누구에게 투표할 생각이십니까?" 등 사전(事前)적인 질문임에 비해 출구조사는 "누구에게 투표하셨나요?"라는 사후(事後)적 조사이다. 이 면에서 출구조사는 선거 전에 발표되는 일반 여론조사보다 더욱 강력하게 대중에게 어필할 수 있다.

출구조사가 등장한 이유는 '호기심'과 '궁금증' 그리고 '조바심'이다. '과연 누가 당선될까?' 혹은 '누가 당선되었을까?'를 알고 싶어하는 욕구가 출구조사를 만들어내었다. 이 물음에 대한 답은 개표결과가 나올 때 알 수 있다. 하지만 비록 완벽하지는 않더라도 이를 좀더 일찍 알기 위한 것이 출구조사이다.

일단 개표가 시작되면 사람들의 관심은 개표방송으로 몰린다. 출구조사는 투표마감과 개표 사이의 몇 시간을 위한 것이다. 기다리는 시간을 조금 그것도 불완전하게 줄여주는 대가로 그 엄청난 조사비용을 쓰는 것이다.

미래를 알고자 하는 사람들의 본능적 관심이 출구조사의 근원이다. 타임머신에 대한 끊임없는 흥미나, 무속인을 찾는 것과 다름 아닌 욕구가 출구조사를 살찌워왔다. 출구조사는 타임머신도, 예언도 아니며 표본추출방법을 이용한 통계적 결론일 뿐이다. 따라서 실제 결과와 다를 가능성이 당연히 존재한다. 출구조사 결과와 실제 투표결과가 달라 방송사들이 사과방송을 하는 것을 본 적이 있을 것이다.

이렇게 불완전한 출구조사가 많은 이들의 관심을 끄는 이유는 무엇일까? 축구도 누가 어떻게 이겼는가 하는 결과만 보기보다는 그 과정, 즉 경기 자체를 즐기듯 출구조사와 개표방송도 사람들에게는 흥미로운 경기이다. 출구조사에서는 A후보가 앞섰지만 초반 개표에서는 B후보가 앞서간다는 것은 매우 흥미진진한 게임인 셈이다. 이미 결과는 투표가 마감된 시점에 정해졌다. 이미 끝난 것이다. 그럼에도 사람들은 개표 마감까지의 과정을 마치 경기가 진행 중인 것처럼 즐긴다.

따라서 출구조사의 결과는 '경기에서 누가 이겼는가?'라는 질문에
대한 대답일 뿐 아니라 그 자체로서 하나의 게임 과정이다. 따라서
선거가 사람들의 관심을 끌면 끌수록 출구조사의 인기도 높아진다.

■■ 성장

1997년 대선에서 한국갤럽의 선거예측이 맞아떨어지면서 여론조사
에 대한 관심이 높아졌다. 선거결과를 좀더 과학적으로 예측해보고
자 하는 의도에서 2000년에 총선으로는 처음으로(16대 총선) 출구조
사가 실시되었다. 그러나 그 결과는 1, 2당의 순서를 바꾸어 예측하
는 엄청난 실패로 나타났다. 그리고 출구조사를 주관한 방송 3사는
선거방송심의위원회로부터 징계를 받고 사과방송을 내보내야 했다.
반면 2002년 대선에서는 노무현 후보의 승리를 정확하게 예측하여
사람들을 놀라게 했다. 2004년 총선에서는 3사 모두 열린우리당의
의석을 실제 결과보다 많게, 한나라당 의석은 적게 예측하여 비난을
받았다. 2006년 지방선거 결과 예측은 대체로 적중했으나 애초부터
워낙 판세가 뚜렷했던 선거라 공을 인정받지는 못했다. 2007년 17
대 대선 출구조사에서는 이명박 후보의 승리를 비교적 정확하게 예
측했다.

결국 2000년 이후 치러진 여러 선거 중에서 대선 결과 예측에서
만 성공적이었던 셈이다. 총선이나 지방선거가 대선보다 어려운 것
은 당연하다. 수백 개의 투표가 한 번에 진행되는 가운데 정확한 예

측을 하려면 수백 곳을 맞춰야 하는데, 선거 당일에 조사하여 몇 시간 내에 집계해야 하는 출구조사로 정확한 예측을 하기에는 무리가 있다. 그럼에도 불구하고 방송사들은 출구조사를 계속하고 국민들은 이에 울고 웃는다.

하지만 실제 선거결과가 그 모습을 드러내는 시간이 짧아지면서 출구조사는 점차 설 자리를 잃게 될 것이다.

■ 예정된 쇠락

방송사들의 축제요, 조사회사들의 돈잔치인 출구조사는 그 개념상 오래가지 못하게 되어 있다. 출구조사는 정확성과 신속성을 동시에 추구해야 한다. 정확하지 않으면 출구조사의 존재의의는 사라진다. 미래를 맞추지 못하는 예언자에게는 아무도 찾아가지 않는다. 또 신속하지 않으면 사람들을 방송 앞에 잡아둘 수 없다. 누가 실제 결과와 동시에 나오는 예상 결과를 보려 하겠는가? 아무리 출구조사가 실제 결과를 거의 정확히 맞춘다고 해도 말이다. 따라서 출구조사는 정확하면서도 신속해야 한다. 이것이 출구조사의 한계다. 신속성과 정확성 양자는 본질상 같이 가기 어렵기 때문이다.

출구조사는 조사로서의 태생적 오류를 안고 있다. 샘플링 오류, 응답거부, 허위응답 등이 그 예다. 조사현장에서 표본이 고르게 뽑히지 않을 수도 있고, 자신의 투표내용을 남에게 알려주기 싫어하는 사람도 많다. 특히 자신이 소수에 속한다고 생각하는 사람들은 더욱 그렇다. 그래서 응답거부와 거짓응답이 생긴다.

더구나 결과를 빠르게 산출하기 위해 투표마감시간보다 조사를 먼저 마감해야 하는 경우도 있다. 이는 늦게 투표하는 이들의 의견이 반영되지 못하는 결과를 가져온다. 늦게 투표하는 사람들의 성향이 일찍 투표하는 사람들의 성향과 같으리라는 보장은 없다. 그리고 아무리 정확한 조사라도 투표결과를 완벽하게 예측할 수는 없다. 출구조사의 정확성에는 한계가 있다. 그리고 무엇보다도 출구조사는 신속성이라는 측면에서 자신이 닮고자 하는 존재, 즉 개표와 경쟁한다. 이를 충분히 앞서지 못한다면 아무도 관심을 가져주지 않는다.

따라서 조사회사들의 재정과 명성에 크게 기여했던 출구조사도 이제 그 마지막이 다가오고 있다. 비록 그 막판까지 화려할지 몰라도 한순간에 쇠하게 될 것이다. 출구조사는 본질상 개표와 경쟁해야 하기 때문이다. 시험이 끝난 후 공부 잘하는 아이에게 가서 정답을 묻는 것은 진짜 정답을 아직 모르기 때문이다. 정답이 발표되고 나면 아무도 정답이 무엇일까를 서로 묻지 않는다. 이전까지는 투표마감과 개표 시작시간 사이에 시간차가 있어 이때 출구조사 결과를 발표할 수 있었다. 조사를 투표마감 몇 시간 전에 마무리하고 집계를 내면 투표마감과 거의 동시에 예상결과를 발표할 수 있다.

정보기술이 발달할수록 투표마감과 개표시작 사이의 간격은 더욱 짧아질 것이다. 이에 따라 보다 빨리 달려야 하는 출구조사는 더욱 숨가빠질 것이다. 나중에는 투표마감과 동시에 개표가 시작될 것이다. 한편에는 출구조사결과가 걸리고 다른 한편에는 개표진행상황이 중계되는 날이 올 것이다. 여기까지는 그래도 흥행이 가능하다. 출구조사는 최종 결과에 대한 예측이기 때문이다. 개표과정과 출구조사결과를 비교하며 혹 역전이 가능할까를 숨죽이며 바라보는 것도 흥미로운 일이다.

하지만 거기까지다. 투표마감과 거의 동시에 개표결과가 발표된다면 수십억 원의 예산을 들이는 출구조사결과는 쓰레기가 될 뿐이다. 사실 전자투표에서 투표와 집계는 동시에 이루어진다. 개표라는 것이 존재하지 않는 것이다. 개표란 종이에 지지후보를 표시하고 이를 투표함이라는 통 속에 보관하고 있다가 투표가 끝난 후에 열어보는 것을 말한다. 하지만, 전자신호로 투표가 이루어지는 전자투표에서는 개표라는 과정이 생략된다. 투표결과는 실시간으로 쌓인다. 그때의 '개표'는 이미 집계되어 있는 결과를 공표하는 것일 뿐이다. 즉 '개표'라기보다는 '발표'라는 표현이 더 정확하다. 정보통신의 혜택을 받는 것은 개표뿐 아니라 출구조사도 마찬가지다. 출구조사의 결과도 실시간으로 쌓일 것이다. 하지만 진짜와 동시에 발표된다고 해서 가짜가 그 가치를 인정받을 수는 없다.

그리고 한 가지 덧붙이자면, 개표와 조사결과의 신속성은 의외의 결과를 낳을 수 있다. 투표가 진행되는 가운데 그때까지의 집계를 보여준다면? 마치 인터넷 사이트상의 여론조사가 진행 중의 결과를 보여주듯이 말이다. 투표 자체가 하나의 거대한 경기가 될 것이다. 노무현 대통령의 당선이 막판 젊은 층의 투표 참여에 힘입은 바 있다는 사실은 곧 누가 투표장에 나오는가가 당선자를 바꾼다는 것을 시사한다. TV와 인터넷을 통해 중계되는 그래프의 길이가 늘었다 줄었다 함에 따라 사람들은 투표장에 갈지 말지를 결정하게 될 것이다. 자신이 지지하는 후보의 당락이 몇 표에 달렸다는 것을 알게 된

지지자들은 투표장으로 달려갈 것이고 경쟁이 치열한 선거일수록 투표율은 높아질 것이다. 투표마감이 임박해서 달려간 사람들은 투표장 입장을 두고 실랑이를 벌일 수도 있다. 재미있을지 몰라도 아주 유쾌하지만은 않은 이러한 풍경이 실제 벌어질지는 선거법의 방향에 따라 달라진다. 선거결과에 엄청난 파문을 몰고 올 수 있는 제도의 도입을 그 선거결과에 따라 당락이 결정되는 정치인들이 결정한다. 이해득실을 따질 것이며 변화에 대한 막연한 두려움도 있을 것이다. 그 와중에서 정치원론에 나오는 선거와 민주주의의 원칙들을 나열하며 이의를 제기하는 사람도 있을 것이다.

하지만 열병과도 같은 이 모든 열정도 사라질 날이 올 수 있다. 출구조사가 개표에 밀려 사라진다면, 개표는 정치에 대한 관심이 사라짐에 따라 외면받게 될 것이다.

역사상 많은 왕조와 국가가 나타났고 사라졌지만 이제는 지구상의 모든 국가가 영화를 잃을 날이 다가오고 있다. 이에 대해서는 다음 장에서 논의하겠다.

4

여론조사의
앞날

모든 것은 변하게 마련이다. 그중에서도 우리는 하필 인류 역사상 몇 번 있지 않은 거대한 변화의 과도기
에 서 있다.

우리에게 너무 익숙한 용어인 '정보화'가 그 원인이다. 우리가 자주 쓰는 '세계화'란 용어도 사실은 정보
화의 아들이다. 여론조사도 정보화의 영향을 받는다. 그런데 이 영향력은 여론조사의 생명을 좌우할 만큼
결정적이다. 앞에서 이야기한 출구조사의 비극적 미래도 정보화의 결과이다. 뿐만 아니라 여론조사라고
일컬어지는 다른 모든 종(種)의 미래도 정보화의 영향을 받고 있다. 새로운 시대에 적응하는 종은 번성할
것이고 그렇지 못한 종은 도태될 것이다.

그런데 정보화의 영향을 받는 것은 여론조사만이 아니다. 산업화가 민주주의와 시장주의의 성장을 가져왔
듯, 그리고 그 결과가 우리가 현재 사는 세계를 만들었듯이, 정보화의 진행은 우리의 미래일 수밖에 없다.
먼저 정치여론조사에 영화(榮華)를 가져다준 민주주의의 미래부터 차근차근 살펴보자.

민주주의의 미래

■■ 진보의 단계

인류가 들짐승을 쫓아다닐 때는 모든 것이 단순했다. 짐승을 사냥하면 먹고, 사냥하지 못하면 굶었다. 하지만 씨앗을 뿌리고 기다리면 수확을 거둘 수 있다는 것을 알게 되면서 모든 것은 변했다. 먼저 정착생활이 시작되었다. 더 이상 무리지어 움직이지 않았다. 수확이 좋을 때는 잉여생산물이 생겨서 저장도 하게 되었다. 다음 해의 파종을 위해서도 저장은 필수적이다. 많이 거두어 저장하는 사람과 그렇지 못한 사람 사이에 차이가 나타났다. 빈부차가 생겨난 것이다. 저장해서 자식에게 물려주는 상속의 개념이 나타났고, 부가 승계됨에 따라 계급이 발생했다. 변덕스러운 날씨에 따라 추수량이 크게 달라지므로 인간의 힘으로 어쩔 수 없는 자연을 주관하는 신을 섬기는 종교가 발생했다. 또 한편 물을 다스리는 것이 중요하기 때문에 협동과 리더십이 필요했고 국가가 생겨났다.

근대의 산업화는 또 한번 모든 것을 바꾸어놓았다. 분업화와 대량생산은 인간에게 자동차를 선물로 준 반면 러시아워의 교통난 또한 만들어냈다. 여러 사람이 모여 분업을 하려면 근무시간이 같아야 하기 때문이다. 분업화가 사회 전반으로 확대됨에 따라 '전문가'가 인정받는 사회 분위기가 형성되었다. 여론조사 영역도 마찬가지다. 보고서 앞에서 밤을 새는 연구원들이 여론조사 전문가로 불리게 되었다.

21세기의 정보화는 또 모든 것을 바꾸어놓으려 하고 있다. 인터넷을 통해 비트화된 정보가 세계를 날아다닐 수 있게 되면서, 재택근무가 가능해졌다. 본업은 아직 지정된 장소(회사)에서 하지만, 부업인 주식투자나 쇼핑몰 운영은 집에서도 할 수 있다. 인터넷을 통해 공유되는 막대한 지식과 정보는 소위 '전문가'를 긴장하게 한다.

농업사회에서는 입에서 입으로 지식이 전달되고, 산업사회에서는 글에서 글로 지식이 전달된다. 정보화사회에서의 지식전달은 이보다 훨씬 빠르고 저장도 쉽다. 이론적으로만 말하면 농업사회에서는 한 사람이 발견한 것이 사회 전체로 전파되는 데 몇 세기가 걸릴 수 있지만 정보화사회에서는 몇 초면 가능하다. 따라서 정보통신이 발달한 선진국과 그렇지 못한 후진국의 격차는 더욱 벌어진다.

하지만 무엇보다도 정보화는 아주 중요한 두 영역에서의 변화를 일으켰다. 자본주의와 민주주의다. 양자의 관계가 근대 이후 세계의 모습을 만들었듯이 양자의 변화가 세계의 모습을 바꾸어놓고 있다.

먼저 자본이 날개를 달고 세계를 돌아다닐 수 있게 되었다. 지구 반대편에 있는 사람들끼리도 거래가 가능해졌다. 거대 기업의 주식이 계약서 없이 가상의 주식시장에서 거래된다. 또한 정보화는 민주주의에도 영향을 준다. 하나는 인터넷 민주주의의 발전이다. 또 다른 하나는 전자투표의 발전이다.

■■ 그리스의 부활

당신이 그리스식 튜닉을 입고 대리석 기둥들로 둘러싸인 광장에서 높은 지식과 지혜를 가진 현자(賢者)들과 토론하는 장면을 상상해 보라. 토론은 때로는 진지하게, 때로는 열정적으로 진행되고 결국 모든 이들은 합의점을 찾아낸다. 중요한 시점에서 결정적 의견과 합리적 조정안을 낸 당신은 자부심과 성취감에 가득 차고 이웃들은 모두 만족하며 자리를 뜬다. 이성과 지혜에 근거한 토론을 통해 주요 결정을 내린 그리스 민주정치의 모습이다. 물론 이것은 매우 이상화된 모습이며 그리스의 실제가 이와 같았으리라고 생각하지는 않는다. 하지만 이러한 모습은 많은 사상가와 정치인들의 마음속에 동경처럼 남아 있었다.

그리스 고대문명이 쇠락한 후 2,000년 동안 이런 일이 다시 가능하리라고 생각했던 정치가나 선견자는 없었다. 하지만 지금은 다르다. 정보화가 만들어낸 사이버 공간에서는 가능하다. 온라인 게임 속에서 적과 싸우는 자신의 캐릭터가 토론인들 왜 못하겠는가?

사이버 세상에서는, 상상에서만 보았던 아테네의 직접민주주의가 다시 실현되는 철학자들의 오랜 꿈이 이루어질지도 모른다. 인터넷 상의 사이버 공간이 아테네의 아고라(agora, 토론과 집회의 광장)가 되는 날이 다가온 것이다.

그리스가 맘에 들지 않는다면 당신은 다른 공간을 택할 수도 있다. 〈스타워즈〉의 원로회의는 어떤가?

■■ 누가 리더인가?

산업화와 언론권력

우리는 산업화와 정보화가 우리 삶에 미치는 영향을 직접 체험해왔다. 이는 산업화와 정보화가 불과 반세기 만에 이루어진 우리나라에서만 경험할 수 있는 특혜이기도 하다. 한 개인의 인생 주기 가운데 산업화와 정보화가 함께 담길 수 있는 나라는 흔치 않다.

산업화시대의 대량생산구조가 대중에게 베푼 혜택 중 하나가 언론이다. 간접민주주의사회에서 대표의 도덕적 해이를 견제하고 일반대중에게 정확한 정보를 제공하는 언론의 중요성은 이루 말할 수 없다. 매일 발행되는 수백만 부의 종이신문과 각 가정에 비치된 TV는 '대중의 선생' 노릇을 성실히 해내며 존경을 받았다. 언론의 입은 진실만을 말하는 것으로 간주되었고 따라서 그들의 말이 곧 여론이 되었다.

산업화와 정보화가 연속성을 갖고 진행되면서 또 한편 민주화가 중첩되어 진행된 곳이 우리나라다. 산업화와 민주화의 중첩은 언론의 권위를 높였다. 산업화는 언론의 대량생산을 가능케 하고, 민주화는 언론을 억압하고 통제하려는 권위적 정부를 퇴출시킨다. 대량생산되는 언론의 입술이 각 가정과 직장에 제한 없이 배포되면서 그 권위는 정부까지도 위협하게 되었다. 이때의 언론은 '대형 언론'이다. 많은 자본을 갖추지 않고서는 전국에 배포되는 신문을 매일 찍어낼 수 없다. TV도 마찬가지다.

정보화와 인터넷 전쟁

하지만 민주화와 정보화가 함께 진행될 경우에는 그렇지 않다. 좀더 작으면서도 일상적이고 때론 무분별하게 보이는 움직임들이 기존 대형 언론들의 권위에 도전한다. 적은 비용으로도 운영할 수 있는 인터넷 언론, 기사에 대꾸하는 댓글, 그리고 단순한 검색엔진에서 언론의 매개자로, 그리고 전 언론의 편집장으로 커가는 포털, 이 세 가지는 사이버 세상에서 대형 언론을 상대로 크고 작은 전투를 벌이고 있다. 그리고 대형 언론사가 차지하고 있는 사이버 영토는 바깥 세상에서처럼 넓지 않다. 결국 위의 세 가지 현상과 함께 기존 언론은 그 권위를 점차 잃어갈 것이다.

먼저 정보화시대에는 인터넷 매체들의 등장으로 '선생'의 수가 많이 늘었다. 왜냐하면 사이버 세상에서는 빛의 속도로 대량복제되는 지식을 누구나 만들 수 있기 때문이다. 만져지지 않는 이 세계에서는 덩치가 큰 기존 언론들의 힘이 더 이상 유리하게 작용하지 않는다. 수가 많으면 주장도 다양하게 마련이다. 이에 사람들은 '선생'들이 늘 옳지만은 않다는 것을 알게 되었다. 더구나 포털을 통해 기사를 읽는 네티즌들의 습관은 어느덧 기존 거대 언론들의 기사와 영세 인터넷 신문들의 기사를 동급으로 만들고 있다.

기존 매체의 약화는 타 언론기관과의 경쟁에만 한정되는 것이 아니다. 최근에는 언론기사에 대한 사람들의 의견이 댓글이라는 이름으로 붙는다. 개인들의 댓글이 기존 매체의 권위에 도전하고 있다. '기사'는 한두 사람에 의해 만들어지지만 댓글은 수십 명에서 수천 명에 의해 만들어진다. 그러한 모든 댓글들이 어느 하나의 의사를 형성한다면 여기서 '기사와 대결하는 댓글 여론'이 나타나게 된다.

언론기사의 허점을 날카로운 논리와 지식으로 공격하는 의견들은 산업화시대에 진리이던 '기사＝여론'이라는 등식을 깨뜨리고 있다. 기존 언론의 힘은 이러한 새로운 시대의 참여자들에 의하여 약화될 가능성이 크다.

하지만 종종 댓글란은 이성적 의견의 교환장소라기보다는 '상한 감정'의 발산장소가 되기도 한다. 논리와 상관없는 감정적 표현들, 저속한 욕설과 저주, 굽히지 않는 편견으로 가득한 댓글의 세계는 국민이라는 '신인(神人)'이 지적 존재일 뿐 아니라 감정적 존재이기도 하다는 것을 새삼 확인시켜준다. 또한 그 신인(神人)이 그다지 존경할 만한 존재가 아니라는 것도 알려준다. 놀랍게도 우리의 신은 스스로 완벽한 존재가 아니었던 것이다.

사실 대중이라는 신은 여태껏 더 똑똑한 사람들, 즉 오피니언 리더라는 사람들의 인도를 받았던 것이 사실이다. 소위 지식인, 전문가, 언론인 등으로 불리는 사람들이 맹인의 인도자 역할을 해왔다. 하지만 이제 인터넷 지식과 집단의식으로 무장된 대중은 더 이상 남의 의견만을 받아들이지는 않는다. 여기서 인도자들과 맹인들 사이에 다툼이 벌어지기도 한다. 2007년 아프간 피랍사태에 대한 동정적 언론과 비판적 댓글과의 의견차, 심형래 감독의 영화를 둘러싼 영화평론가와 리플러들 사이의 격렬한 대립은 이러한 예다.

　대중이 더 이상 스스로를 맹인이라고 생각하지 않을 때 인도자들은 그 지위를 잃는다. 이것은 혼돈의 시작인가? 아니면 참여민주주의의 깨어남인가? 눈을 뜬 대중은 스스로 걸을 만한 평형감각과 지식을 갖고 있을까? 이 질문의 답이 정보화시대 민주주의의 앞날을 좌우한다. 그리고 당신의 앞날도 거기에 달려 있다. 당신이 아무리 이에 관심이 없다 해도 말이다.

■■ 포털 권력

당신은 어떤 방식으로 언론기사를 읽는가? 집이나 직장에서는 지금도 한두 개의 일간지를 구독해 읽고, 저녁에는 9시 뉴스를 볼 것이다. 하지만 인터넷을 열었을 때도 집에서 보는 신문의 홈페이지를 찾아가는가? 당신은 포털을 통해 신문을 보고 있다. 방송도 마찬가지다. 오프라인의 거인들이 사이버 공간에서는 포털이라는 좁은 문을 통해서 독자와 만난다. 포털에서의 기사는 모두 언론매체로부터 가져온 것이나 그 배치와 선정은 포털이 결정한다. 즉 편집권이 포털에 있는 것이다. 신문과 방송은 인터넷상에서는 포털의 컨텐츠일 뿐이다. 그리고 뉴스 검색기능을 통해서 수없이 많은 매체의 기사가 독자에게 다가온다. 정부 기자실엔 이름도 못 내밀던 수많은 인터넷 매체들도 포털을 통해 나름의 자리를 배정받게 되었다. 댓글이 실리는 공간도 주로 포털이다.

기존 언론의 힘은 다름 아닌 '여론' 형성에 미치는 영향력이었다. 그런데 이제 포털이 그러한 영향력을 갖기 시작했다. 직접적으로는 포털의 뉴스란에 실리는 기사들의 배열순서 및 편집을 통해서 자신들의 의견과 유사한 기사를 눈에 잘 띄게 배열할 수 있다. 댓글 운영 방식을 통해서도 영향력을 발휘할 수 있다.

그리고 포털은 자신의 의지와는 상관없이 개인들의 정치적 의사결정에 영향을 미친다. 일단 한 포털의 참여자들이 어떤 일관된 정치적 성향을 갖게 되면 새로운 참여자들에게도 영향을 미치는 것이다. 사람은 누구나 주위 사람들의 영향을 받는다. 가족, 친구, 동호회, 대학, 종교단체 등 자신이 어디에서 누구와 함께 있는가에 따라 자신의 의견도 달라질 수 있다. 그런데 이제 인터넷에서도 그런 영향을 받는다면? 포털 내의 대화공간이 모종의 학교 역할을 하게 되는 것이다.

이는 자연스러운 참여민주주의의 성장과정으로 볼 수 있다. 하지만 또 한편 특정 포털의 시장 점유율에 따라 국민여론이 달라질 수 있음을 의미한다. 포털의 시장 점유율 경쟁이 시장을 분배하는 기능을 넘어 정치권력을 분배하는 기능까지 가졌다는 의미이다. 사실 이것은 기존 신문들의 점유율 경쟁과 비슷하다. 하지만 포털은 본질적으로 언론기관이 아니다. 포털의 본질은 검색엔진이다.

세상은 변하고 있다. 지난 세기에 여론을 주도하며 큰 힘을 발휘하던 종이신문들과 방송매체는 점차 그 권위를 좀더 작은 인터넷 매체들과 나누어 가질 수밖에 없을 것이다. 그리고 이 과정에서 언론 아닌 언론, 즉 인터넷 포털들의 역할과 권력이 강화될 것이다.

어쩌면 대형 언론의 전성기는 산업화의 끝자락과 민주화의 초기라는 짧은 동안의 만남이 만들어낸 해프닝일 수도 있다.

전자투표

■ 새로운 투표

고대 그리스 사람들은 도자기 조각을 이용하여 투표에 참여했다. 산업화시대에서는 종이에 기표하였다. 종이가 대량으로 생산되지 않았더라면 전 국민을 상대로 한 투표를 진행하기가 어려웠을 것이다. 3,000만 개의 도자기 조각을 만드는 것은 쉬운 일이 아니다.

이제 새로 도래한 정보화시대의 투표방식은 전자투표이다. 즉 종이조차도 필요 없는 투표다. 만질 수 없는 정보가 집계되어 보이는 결과를 만들어낸다.

이러한 전자투표의 첫 단계가 전자개표이다. 눈으로 확인하고 손으로 집계하는 방식이 아니라 기계가 판독하고 컴퓨터가 집계한다.

각 선거구의 집계는 전국에 걸친 인터넷망을 통해 모이고 전국의 득표상황이 개표 진행과 동시에 실시간으로 발표된다. 아직은 산업화 시대의 투표용지가 정보화시대의 전자시스템과 함께 일한다.

다음 단계는 전자기표이다. 미국의 일부 주에서는 이미 터치스크린 방식으로 투표를 실시하고 있다. 우리나라에서도 이미 정당의 경선투표 등에 쓰이기 시작했다. 전자기표 시스템이 잘 만들어지면 무효표는 나오지 않는다. 왜냐하면 기재가 잘못되었을 경우 스크린상에 표시가 되기 때문이다. 자신의 기표에 문제가 있어도 알지 못한 채 기표소를 나오는 일은 없어질 것이다.

전자투표의 세 번째 단계는 인터넷 투표이다. 각자 편리한 곳에서 투표하는 것이다. 투표소까지 가지 않고도 아무 곳에서나 유선혹은 무선 인터넷으로 투표가 가능한 단계다. 돈이 가는 인터넷 뱅킹이 가능한 것처럼 표가 오가는 인터넷 투표도 가능하다. 국민들은 선거관리위원회 등 특정 사이트와 투표기간 내에 접속하여 투표하는 것으로 선거의 의무를 다하게 된다. 이는 사실 사회의 여러 분야에 이미 도입되어 있다. 정치 영역에서도 이와 같은 인터넷 투표가 먼저 개별 정당의 경선조사에서 논의되고 있다. 여기까지 오면 개표는 의미가 없어진다. 투표와 동시에 집계되기 때문이다. 최종 결과가 나올 때까지의 기다리는 조급함을 덜어주는 선거예측조사도 필요 없어진다. 투표마감과 동시에 결과가 나오기 때문이다. 출구조사로 돈을 벌고 있는 조사회사들은 큰 수익을 잃을 것이다.

기술적으로는 투표진행 중에 실시간으로 그때까지의 투표율과 투표결과가 중계되는 것도 가능하다. 앞서 언급한 바와 같이 이는 투표행위에 엄청난 영향을 미칠 것이다. 하지만 제도적으로는 시간이 걸릴 것이다. 아니 실현되지 않을 수도 있다. 정치적 선택이기 때문이다.

■■ 새로운 참여자

전자투표는 단순히 정확한 기표와 빠른 집계만을 의미하지는 않는다. 정보화가 모든 것을 바꾸어놓듯이 정보화의 아들인 전자투표도 많은 요소들을 바꿀 것이다.

먼저 '누가 투표하는가'에 대한 내용을 바꿀 것이다. 이는 '누구의 의견이 반영되는가'와 연결된다. 투표가 여론조사와 다른 점은 '누가 투표장에 나가느냐'에 따라 표의 구성이 달라진다는 점이다. 여론조사는 조사기관이 알아서 성별, 연령별, 지역별로 고르게 뽑아주지만 투표는 인구비에 일치하지 않는다. 그리고 투표하지 않는 사람의 의견은 반영되지 않는다. 따라서 20대보다 60대가 더 많이 참여하면 60대의 의견이 더 많이 반영될 것이고, 남성보다 여성이 더 많이 참여하면 여성의 의견이 더 많이 반영될 것이다. 지역별로도 마찬가지다.

사람들은 어떤 경우에 투표를 하지 않을까? 투표를 하고 싶지 않은 경우는 정치에 워낙 관심이 없거나 어떤 사람을 선택해야 할지 결정하지 못해서, 혹은 맘에 드는 사람이 없어서일 것이다. 한편 투표하기가 어려운 경우는 언제일까? 너무 바빠서, 투표장이 멀리 있어서, 몸이 불편해서 등일 것이다.

전자투표는 투표가 어려운 사람들을 투표장으로 불러낼 수 있다. 아니, 정확히 말하면 그들에게 찾아갈 수 있다. 기존의 투표장뿐만 아니라 자신의 집, 더 나아가서 이동하면서도 투표를 할 수 있다. 투표하는 시간도 몇 분이 채 걸리지 않을 것이다.

어디서나 투표를 할 수 있게 되면서 재외국민이나 여행중인 사람들도 쉽게 투표에 참여하게 될 것이다. 바쁜 사람들도 쉽게 투표할 수 있다. 경제활동이 왕성하여 바쁜 사람들은 물론, 모처럼의 시간을 가족이나 친구들과 보내려 하는 사람들도 쉽게 투표에 참여할 수 있게 된다. 더 이상 투표나 여행이냐를 두고 갈등하지 않아도 된다.

당연히 장애인들의 참여도 높아질 것이다. 투표장에 나갈 필요가 없을뿐더러 녹음된 음성파일이나 동영상 화면을 보면서 투표할 수 있게 되어 시각장애인과 청각장애인이 제대로 참여가 더욱 쉬울 것이다. 투표소가 멀리 떨어진 농촌과 산간, 도서지역의 투표율도 높아질 것이다.

젊은 층의 투표율 저하를 늦추는 효과도 있을 것이다. 그들은 전자기기에 익숙해 전자투표는 간단히 할 수 있게 하기 때문이다. 투표장에서 줄 서서 투표하는 종전의 방법은 교육용으로는 좋을지 몰라도 젊은 세대의 투표율을 높이는 데는 도움이 되지 않는다.

인터넷망의 이용으로 투표가 쉬워진다는 것, 그래서 이전에 투표에 참여하지 못하던 사람들이 투표에 참여할 수 있다는 것은 무엇을 의미할까?

이미 말한 바와 같이 투표는 참여하는 사람의 의견만 반영하는 방식이다. 새로운 이들이 참여함에 따라 투표의 결과도 달라진다. 당선자가 달라진다는 말이다. 따라서 정책도 달라질 것이다. 역으로 말하면 후보들이 내세워야 할 정책도 달라져야 한다. 그러므로 후보자들은 자신들의 지역구에 어떤 사람들이 살고 있으며 이중 누가 투표하게 될 것인지를 잘 계산해야 할 것이다.

이것이 전자투표다. 그런데 전자투표는 우리가 이미 알고 있는 무엇인가와 상당히 비슷하다. 그것은 인터넷 폴, 즉 인터넷 여론조사이다.

인터넷 폴

넓은 의미의 인터넷 폴은 인터넷을 매개로 하여 진행되는 모든 조사를 말한다. 인터넷이 일반화된 것은 이제 겨우 10여 년밖에 되지 않았지만 포털의 뉴스 면을 흥미 있게 읽는 사람들에게 인터넷 조사는 오히려 전화조사보다 더 익숙하다. 넓은 의미의 인터넷 조사에는 이메일 조사도 포함되지만 여기서는 주로 웹상에서, 즉 홈페이지를 통해 진행되는 조사를 대상으로 다루고자 한다.

■■ 여론조사, 투표와 한 곳에서 만나다
— 인터넷 조사의 화려한 등장

인터넷 여론조사, 즉 인터넷 폴은 인터넷 사이트를 통해 이루어지는 여론조사이다. 현재 유명 포털과 언론기관은 인터넷 폴 사이트를 운영하고 있고 언제나 참여할 수 있도록 하고 있다.

　지금의 인터넷 폴은 주로 온라인 화면에서 설문을 읽고 클릭하여 응답을 표기하는 방식이다. 이런 면에서 듣고 대답하는 전화조사와 다르다. 하지만, 곧 녹음된 음성파일이나 동영상 화면을 통해 설문을 듣고 보는 날이 올 것이다. 이렇게 하면 설문의 흥미뿐 아니라 참여도도 높일 수 있다. 특히 장애인들도 참여가 가능해진다. 전화조사는 청각장애인이 참여할 수가 없다.[29] 장애인 정책을 수립하는 데 설문조사에 장애인이 참여하지 못한다는 것은 아이러니한 일이 아닐 수 없다.

　인터넷 폴의 또 다른 장점[xix] 중 하나는 시간 제약이 없다는 것이다. 보통 전화조사가 가구 구성원이 집에 돌아오는 저녁 6시부터 방해가 되지 않는 저녁 9시 정도까지 진행되는 데 비해 인터넷 폴은 응답자가 스스로 조사에 참여하므로 24시간 진행될 수 있다. 따라서 빠른 시간 내에 많은 응답을 받을 수 있다. 조사회사의 크기와 관련된 전화회선이나 면접원 수에 따른 제약도 없다.

　또한 인터넷 폴은 샘플당 비용이 적게 든다. 면접원에게 부수당 수당을 주는 전화조사에 비해 참여자가 아무리 늘어도 조사비용은 그리 늘지 않는다. 사람을 통하지 않으니 인터넷 뱅킹처럼 인건비가 들지 않는다.

---

29 반면 면접조사는 시각 장애인의 참여가 어렵다.

이런 인터넷 폴을 대규모로 실시할 수 있는 곳은 국가와 포털이다. 언론매체에서 실시하기도 하지만 참여자 수가 포털에 미치지 못한다. 또한 실시 언론사에 따라 같은 사안에 대해서 판이하게 다른 결과가 나오는 경우도 있다.[xxx] 이러한 현상은 주로 정치 관련 조사에서 발생하는데 그 이유는 언론마다 정치적인 성향이 다르기 때문이다. 각 언론의 독자층도 그 언론과 비슷한 정치적 성향을 띠게 되므로 조사결과가 언론사마다 달라지는 것은 당연하다. 결국 언론사 사이트에서 진행되는 인터넷 폴은 국민여론조사라기보다는 독자조사가 된다.

그러면 여기서 기존의 여론조사(전화조사)와 투표 그리고 인터넷 폴을 좀더 비교해보자.

모집단이라고도 불리는 조사대상은 삼자 모두 유권자이다. 하지만, 조사대상 중 누가 참여하는지를 결정하는 방법에서는 차이가 있다. 일반 여론조사의 경우 무작위로 선정된다. 전화조사에 응하는 사람들은 그런 조사가 있는지도 모르다가 면접원의 전화를 받고 알게 되는 경우가 대부분이다. 반면 투표나 인터넷 폴의 경우 자발적 참여로 이루어진다. 투표기간 동안 투표장을 열어두면 원하는 사람이 가서 투표한다. 이러한 특징을 '자기선택'이라고 하는데, 여론조사와 투표를 구분하는 가장 중요한 특징이다.

또 일반 여론조사는 몇 명을 조사할지 미리 정해놓고 시작한다. 1,000명을 조사하기로 하면 이에 맞게 성별, 연령별, 지역별 조사인원을 인구비에 맞게 할당하고 이를 채워나간다. 반면 투표나 인터넷 폴은 조사인원의 제한이 없다. 아무도 참여하지 않을 수도 있고 전부가 참여할 수도 있다. 따라서 인위적으로 표본을 선정하고 표본수를 맞춰가는 여론조사와 달리 투표나 인터넷 폴의 크기는 자발적 참여자의 수에 따라 달라진다. 따라서 이론적으로는 0명이 최소이고 최대는 전체 대상인원이 될 것이다.

하지만 보통 포털의 인터넷 조사에는 적게는 수천 명, 많게는 수십만 명의 인원이 참여한다. 대개 일반 여론조사보다 참여자가 많다. 다음은 네이버 뉴스 폴[xxxi]의 한 문항이다. 참여자가 15만 명 가까이 된다.

〔정치〕 노대통령이 대통령의 임기를 4년 연임제로 개헌하는 것을 제안했습니다. 당신의 생각은?

찬성		61174명 (63.58%)
반대		35047명 (36.42%)

설문기간 : 2007-01-09~2007-03-23 총 참여자 : 147344명

여론조사는 보통 정당과 언론 등 의뢰인이 조사회사와 함께 수행하는 데 반해 투표는 정부에서 수행한다. 인터넷 폴은 주로 포털 사이트가(언론도) 실시한다.

참여자를 모으는 능력은 단연 정부에서 행하는 투표가 가장 높다. 그만큼 중요하기 때문에 많은 사람이 참여하는 것이기도 하다. 인터넷 폴은 수행기관에 따라 다르다. 유명 포털이 가장 높고 다음은 언론일 것이다. 이들 외에도 자신의 사이트를 통해 인터넷 폴을 수행하는 기관이 여럿 있지만 아직 이들의 동원능력은 포털에 비교할 수 없다. 대부분의 사람은 인터넷 폴에 참여하려고 특정 사이트를 방문하지는 않는다. 사이트를 이용하다가 흥미를 느껴서 참여하게 되는 것이다. 이런 점에서 인터넷 폴의 수행기관은 이용자가 가장 많은 기관이어야 한다. 아무리 큰 조사회사라도 자체적으로 인터넷 폴을 실시하기는 어렵다. 참여하기로 미리 약속한 사람들(패널)에게 이메일을 보내서 참여를 유도하는 경우는 있다. 그리고 이들에게 경품 등 대가를 지급한다. 하지만 불특정 다수의 참여를 유도하는 인터넷 폴은 조사회사로는 어려운 일이다.

이상 설명한 기존의 전화 여론조사와 투표, 그리고 인터넷 폴의 차이를 정리하면 다음과 같다.

	전화 여론조사	투표	인터넷 폴
대상	유권자	유권자	유권자
참여자	응답자	투표자	투표자
참여동기	조사기관의 선정과 응답자의 동의	자발적 참여	자발적 참여
참여자 규모	미리 정해짐, 작음 (주로 500~1,000)	미리 정할 수 없음, 매우 큼 (전 국민을 대상으로 한 투표의 경우 수천만)	미리 정하지 않음, 대개 큼(수천~수만)
실행 주체	의뢰자와 여론조사기관	정부	포털과 언론 등
실행 주체의 동원능력	작음	큼	조사 주체에 따라 다름

잘 보면 하나의 특징이 나타난다. 인터넷 폴은 전화조사보다는 투표와 닮았다는 것이다. 특히 전자투표와 비교하면 실시기관을 제외하고는 차이가 거의 없다. 투표와 여론조사의 차이는 투표는 전체가 한 자리에 모여 결정하는 것이고, 여론조사는 일부만 선정해서 의견을 묻는 것이다. 투표는 전체를 초대하고 그중 참여한 사람들의

의사만 반영한다. 하지만 여론조사는 일정 수를 정해놓고 초대할 사람을 무작위로 뽑는다. 즉 일부만 초대되고 그중 초대에 응한 사람들이 전체를 대표한다. 인터넷 폴은 전체의 참여를 홍보하고 참여한 사람의 의견만 반영된다. 인터넷 조사에는 기존 여론조사의 필수조건인 표본추출이 없다. 이것은 인터넷 폴의 미래, 조사의 미래와 관련된 중요한 점이다. 이 책의 앞부분에서 여론조사가 등장한 이유가 무엇이었는가를 기억해보자. 투표의 엄청난 비용과 시간이다. 그런데 인터넷 폴은 전 국민을 대상으로 한 조사를 적은 비용과 시간으로 수행할 수 있다. 이론상으로는 수천만의 유권자 전원이 참여할 수도 있다. 이 점에서 인터넷 폴은 기존의 여론조사와 투표 사이의 간격을 메울 수 있는 새 시대의 도구라고 할 수도 있다.

하지만 포털에서 이루어지는 인터넷 폴도 치명적인 단점이 있다. 이를 어떻게 극복하느냐에 따라 인터넷 폴의 미래가 결정될 것이다.

■■ 인터넷 조사의 함정

ARS, 모바일(휴대전화)조사, 이메일 조사, 인터넷 폴 등 여론조사의 새로운 시도라고 할 수 있는 것들 중에서 미래의 투표와 가장 흡사한 모습을 한 것이 인터넷 폴이다. 이런 의미에서 인터넷 폴은 조사의 미래라고 할 수 있다. 하지만 인터넷 여론조사는 나름의 심각한 태생적 문제를 안고 있다.

인터넷 폴이 본질적으로 여론조사와 다른 점은 참여 여부를 참여자가 스스로 결정한다는 점이다. 반면 전화조사는 조사기관이 선택한다. 이것이 어쨌다는 것인가? 그것은 앞서 언급한 '표본추출의 마법'이 인터넷 폴에서는 적용되지 않는다는 말이다. 표본추출은 소수의 인원도 고르게 뽑기만 하면 전체와 동일한 결과를 얻을 수 있다는 사실을 이용한다. 그래서 무작위표출이 동원되고 누가 참여할지가 과학적 방법에 의해 결정된다.

하지만 인터넷 폴은 그렇지 못하다. 따라서 인터넷 폴은 참여자의 수가 거의 투표수준이 되어야 그 정확성을 인정받을 수 있을 것이다. 아니 설령 그러할지라도 전체 여론을 고르게 측정한다는 면에서는 표본조사를 따라가지 못한다. 다만 많은 사람의 의견이라는 의미가 있을 뿐이다.

투표의 경우는 엄청난 참여와 헌법적 권위를 갖고 있다. 총선이나 대선이라면 수천만의 인원이 참여한다. 중앙선관위에 따르면 16대 대선에는 2,500만 명 정도,[xxxii] 17대 대선에서는 2,400만 명 정도가 투표에 참여했다.[xxxiii] 하지만 아무리 헌법적 권위가 있는 투표라도 참여율이 극히 저조하다면? 설령 대통령이라도 겨우 수만 명만 참여한 투표에 의하여 선출되었다면 전 국민이 원하는 지도자라고 인정하는 사람은 많지 않을 것이다. 누구나 그 정통성을 의심할 것이다.

여기에 인터넷 폴의 문제가 있다. 전체 유권자 3,700만 명 중 수천에서 수만 명만이 참여하는 것이다. 즉 1,000명 중 1명밖에 조사하지 못하는 셈이다. 반면 여론조사는 표본추출이라는 방법으로 1,000명의 사람만 조사하고도 수만 명을 조사한 것보다 더 정확한 결과를 얻는다. 표본추출의 방식이 적용되지 않는다면 수십만의 사람도 전체 국민에 비교하면 극히 소수일 뿐이다. 더군다나 인터넷 폴의 참여자는 특정 사안에 대해 관심을 갖고 있는 사람들이다. 특히 정치 관련 인터넷 폴을 하는 사람들은 정치에 관심 있고 폴에 흥미를 느끼는 사람들이다. 이들이 전체 국민을 대표한다고 보기는 어렵다.

인터넷 폴이 가진 또 하나의 문제는 인터넷 포털에 따라 참여자들의 정치적 성향이 다르다는 것이다. 이는 각 포털에 실린 댓글을 비교해보면 쉽게 알 수 있다. 즉 정치적 편중성인데 이것은 어쩌면 더 큰 문제일 수도 있다. 해결책이 보이지 않기 때문이다. 언론이 실시하는 인터넷 폴에서도 같은 주제에 대한 찬반의견이 다르게 나타나는데 포털에서도 포털의 성격에 따라 다른 결과가 나온다.

이 말은 인터넷 폴과 전화 여론조사의 결과가 다를 수 있을 뿐 아니라 인터넷 폴을 어느 기관이 진행하느냐에 따라서 그 결과가 달라질 수 있다는 것이다. 다음의 예는 정부의 기자실 통폐합 방침에 대한 두 포털 사이트의 여론조사 결과이다. 네이버 인터넷 폴에서는 찬성의견이 60% 정도였던 데 반해 야후 인터넷 폴에서는 오히려 반대 의견이 60% 정도였다.

먼저 네이버의 조사결과[xxxiv]다.

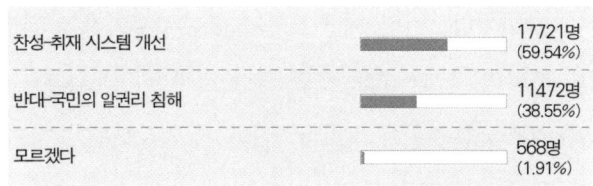

[사회] 정부가 각 부처의 브리핑룸과 기사송고실을 통·폐합하는 방안을 심의해 확정했습니다. 이에 대한 당신의 생각은?

찬성-취재 시스템 개선	17721명 (59.54%)
반대-국민의 알권리 침해	11472명 (38.55%)
모르겠다	568명 (1.91%)

설문기간 : 2007-05-22~2007-09-05 총참여자 : 53006명

다음은 야후의 조사결과[xxxv]다.

또 다른 예를 보자. 이번에는 언론기관과 포털에서 각각 실시한 인터넷 폴의 결과 비교다. 한나라당 전여옥 의원의 법률안에 대한 인터넷 폴이다.

먼저 《한국일보》의 조사결과[xxxvi]다. 찬성이 다수다.

다음은 네이버의 조사결과[xxxvii]다. 찬성과 반대가 큰 차이가 없다.

〔정치〕 한나라 전여옥 의원이 ROTC선발에 여성도 포함하는 내용의 법률안을 발의했습니다. 당신의 의견은?

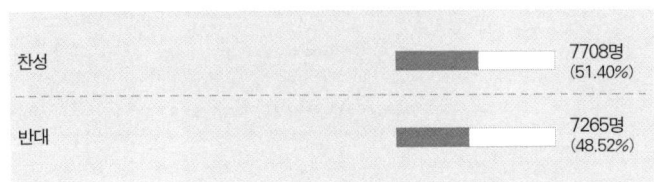

찬성	7708명 (51.40%)
반대	7265명 (48.52%)

설문기간 : 2007-04-23~0000-00-00 총참여자 : 14973명

거의 같은 시기에 실시한 두 인터넷 조사의 결론이 매우 다르게 나타났다. 《한국일보》 인터넷 조사에서는 찬성이 반대보다 30%p나 많은 반면, 네이버 조사에서는 차이가 겨우 3%p 정도로 찬반이 거의 비슷하다. 네이버 폴의 참여자가 《한국일보》 폴의 참여자보다 많다고 해서 네이버의 결과가 더 옳다고 할 수 있을까?

여론조사의 주요 기능이 '여론' 파악인 것을 생각해볼 때 이는 치명적 단점이 아닐 수 있다. 두 사이트에서 조사한 결과가 반대라면 인터넷 폴을 통해 어떻게 '국민의 뜻'을 알아낼 수 있겠는가? 여론뿐 아니라 선거결과를 예측할 수도 없다.

이것이 인터넷 폴의 함정이다. 인터넷 폴을 제대로 이해하지 못한다면 우리는 이 함정에 빠질 수도 있다. 즉 수만 내지 수십만 명까지도 참여한다는 수의 함정, 이렇게 대규모의 조사를 단순히 인터넷 상에 열어놓기만 하면 수행할 수 있다는 편리성의 함정, 실시간 집계가 자동으로 쌓여 시시각각 변하는 색색의 그래프로 만들어진다는 화려함의 함정에 빠져서 사실이 아닌 것을 사실이라고 하는 것이

다. "그렇게 많은 사람이 찬성하는데……." 하는 망설임에서 의사
결정상의 결정적 실수를 할 수도 있다. 그것이 정치적 의사결정이든
정책적 의사결정이든 혹은 시장적 의사결정이든 말이다.

그렇다면 인터넷 폴은 그 멋진 외모에도 불구, 전통적 방법의 전
화조사를 능가할 수 없다는 것인가? 응답자의 분포를 고르게 하지
못한다면, 즉 통제하지 못한다면 인터넷 폴의 용도는 크게 제한될
수밖에 없다. 미래의 조사로 여겨지는 유망주의 장래치고는 너무 허
무하지 않은가?

이를 해결할 수 있는 방법이 있는가?

■■ 함정을 피할 수 있을까?

먼저는 조사 사이트(주로 포털)별로 나타나는 편중현상의 원인을 살
펴야 할 것이다. 단순히 포털별로 모이는 사람들의 특성(나이나 지역
등)이 달라 나타나는 결과라면 이를 바로잡으면 된다. 가중치를 줄
수도 있고, 할당이 다 찰 경우 더 이상 조사를 받지 않는 선착순식 조
사참여도 가능하다(인구비에 따른 할당이 차면 더 이상 조사를 받지 않거
나 받아도 결과에 반영하지 않는 것이다). 물론 이것은 불완전한 해결책
이다. 인터넷 폴을 이용하는 사람들 자체가 전체 국민과는 다르기 때
문이다. 그들 중에 성별, 연령별, 지역별 인구비를 맞춘다고 해서 문
제가 완전히 해결되지는 않는다.

하지만 인터넷이 모든 연령과 지역, 소득과 학력의 사람들에게
좀더 보편화되고, 국민의 관심이 모이는 특정 사안에 대하여, 적극

적 홍보를 통해 수많은 참여자를 모으면 전체 여론과 보다 흡사해질 것이다.

그러나 포털 내의 자체 여론 형성기능이 존재하여 이것이 그 포털 이용자의 의견에 영향을 준다면 문제는 좀더 복잡해진다. 사이버 공간에서 만난 익명의 사람들이 기존의 연령과 지역 등의 세대간, 공간적 차이를 뛰어넘는 의사소통을 통해 나름의 공통적 의견을 형성해온 결과라면? 그 문제를 당장 풀 수 있는 방법은 없다. 아무리 인구비를 맞추어도 포털에 따라 혹은 실시기관에 따라 의견이 달라지는 편중현상을 막을 수는 없다. 하지만, 분명한 것은 인터넷 폴이 단점을 극복하지 못하는 한 CATI 등 진화한 전화 여론조사와 공존할 수밖에 없다는 것이다.

그리고 앞서 언급한 바와 같이 포털 내의 여론형성기능은 단순한 조사 차원이 아닌 좀더 거시적인 의미를 갖는다. 이것은 포털이 기존 언론매체를 뛰어넘는 정치적 힘인 여론 형성기능을 가졌다는 의미이다. 본질상 포털은 서비스 회사일 뿐이다. 하지만 포털을 지배하는 자가 여론을 좌우할 만한 힘을 쥐게 될 것임은 부인할 수 없다. 그가 그 힘을 쓰든 쓰지 않든.

새로운 신(神)

정보화는 세계를 양분한 두 개의 종교, 즉 자본주의와 민주주의에 모두 영향을 미친다. 20세기 후반에야 정착한 양자의 위태로운 균형도 이에 영향을 받을 것이다. 국가의 시장통제라는 20세기의 균형이 21세기에도 이어질까? 이에 대한 답은 여론조사의 미래일 뿐 아니라 우리 개개인의 미래이기도 하다. 정치와 시장은 머리 위에 떠다니는 뭉게구름이 아니라, 우리가 사는 이 땅, 이 사회 자체다. 그리고 때로는 뭉게구름도 우리에게 그늘과, 예기치 않은 눈과 비를 줄수 있다.

■ 물신(物神)의 부활

정보화시대에는 돈이 자유롭게 이동을 한다. 평범한 사람들은 은행이나 주식거래소를 통하지 않고도 자신의 용무를 달성할 수 있다. 소수의 부유한 사람들은 어떤 나라를 방문하지 않고도 그 나라의 기업을 사고 판다. 국적도 없고 국경도 모르는 돈이 세계를 돌아다닌다. 이들은 정부의 간섭을 받지 않을 뿐 아니라 그 간섭을 싫어한다. 오히려 정보화시대가 부여한 자유를 가지고 정부를 위협한다. 이들의 손에 일자리와 주가가 달려 있기 때문이다. 각국의 정부는 이들을 모시기 위해 더 높은 혜택을 제공하며 경쟁한다. 이 경쟁의 승자는 누구일까? 결국 돈이다. 한 지역의 대우가 맘에 들지 않으면 다른 지역으로 옮기면 된다. 이런 과정을 통해 돈은 자신이 원하는 것을 달성할 수 있다.

돈은 자유롭지만 국가는 자유롭지 못하다. 돈은 세계를 돌아다니지만 민주주의는 그렇지 못하다. 국가의 통제를 받던 돈이 풀리게 된다. 정보화시대를 돈의 관점에서 본 언어가 신자유주의이고 세계화이다. 돈이 얻는 새로운 자유가 신자유주의이고 돈이 세계를 지배하는 것이 세계화이다. 물신 즉 돈의 부활이 정보화가 만들어내는 시장 측면의 특징이다.

■ 광란의 춤

그렇다면 민주주의의 측면에서는 어떤 희망이 존재할까? 네티즌 사이의 댓글 토론이 민주주의를 발전시킬 것인가? 인터넷은 민주주의의 학교 역할을 할 것인가?

답은 '예스' 이면서 '노' 이다.

인터넷 의견 교환의 특징은 상대방에 대해 아는 것이 그 사람의 글 밖에는 없다는 점이다. 사람들은 자신의 글로 판단받는다. 학력, 종교, 나이, 지역 등은 따로 밝히지 않는 한 알 수가 없다. 이러한 특징은 긍정적으로도 부정적으로도 작용한다.

긍정적인 점은 편견을 버리고 의견에 대해서만 대화한다는 점이다. 대화에 참여하기 위해서 모든 사람은 바깥 세상에서 즐기던 장신구와 옷을 벗고 동일한 활자(活字)의 옷을 입는다. 수능을 막 마친 고등학생과 딸을 시집보낸 가장이 서로의 글을 읽고 자신의 의견을 쓴다. 현실세계에서는 어려운 일이 가상의 세계에서는 가능해진다. 눈에 보이는 것의 편견에서 자유로운, 새로운 평등세상이 시작되는 것이다. 온라인 PC게임에서 자신이 캐릭터로만 대표되듯이 온라인 토론에서도 글로만 나타난다. 자신의 소속집단—가족, 지역, 종교, 학교 공동체—을 넘어선 대화와 의견 교환은 기존의 소속집단이 주지 못하는 정보와 논리를 제공한다. 쉽게 말하면 인터넷상의 의견교환의 장—주로 포털이나 언론기관의 사이트—은 그 자체로 하나의 모임을 형성한다. 여기에서 얻은 정보와 동의를 받은 의견은 전체 여론에 영향을 미칠 수밖에 없다. 일단 참여하는 사람들이 전체 여론의 일부이기도 하고, 또 그들이 인터넷상에서 얻은 정보와 논리가 현실세계의 여러 다양한 집단에 파급되기 때문이다. 기존의 지역, 성, 연령의 편견에서 자유로운 의견이 만들어져 학습된 후 인터넷을 나와 기존의 지역, 가족, 종교 공동체로 전파된다.

하지만 어디나 그렇듯이 학교에서 배우는 것은 지혜와 지식만은 아니다. 학교는 폭력과 욕설을 배우게 되는 공간이기도 하다. 지금 인터넷은 우리에게 라면을 맛있게 끓이는 법은 몇 초 안에 알려줄 수 있지만 정치적 의견을 만들어가는 데 필요한 지혜는 그만큼 빠르게 가르쳐주지 못한다. 지혜를 교환하는 이성의 시장이 되기에는 아직 갈 길이 멀다. 현재의 인터넷 토론공간은 이성의 시장일 뿐 아니라 감정의 배출장소이기도 하다.

또한 특정 사안에 대해 같은 생각을 하는 사람들은 자신이 혼자가 아니라는 것을 확인하면서 나름의 집단의식을 증폭시킨다. 신문기사가 여론과 다를 수 있듯이 댓글 등 인터넷 의견 역시 전체 여론과 다를 수 있다. 인터넷 여론에 참여하는 사람은 아직 전체 인터넷 이용자 중 소수에 불과하고 정치·사회 분야의 특정 사안과 관련한 인터넷 토론이나 특정 주제에 대한 댓글에 참여하는 사람은 더욱 제한되어 있다. 온라인 게임에서 가상의 적과 싸우는 사람은 사이버 세계의 토론에도 참여할 수 있지만 토론을 좋아하는 사람이 과연 게임을 좋아하는 사람보다 많을까?

그러나 일단 하나의 댓글 여론이 형성되면 그와 의견을 달리하는 사람들은 집단적으로 매도될 가능성이 존재한다. 따라서 반대의견을 가진 사람들은 매도되거나 아예 참여할 생각을 하지 않는다. 결국 토론의 참여자는 소수이며 이들 중에서도 이성의 목소리는 차분하고 느린 데 비해 감정의 발산은 격하고 빠르다. 전자의 파급력은 작지만 후자의 전파는 그 격한 어투만큼이나 강하다.

결국 인터넷 토론장을 '이성의 토론장'이 아닌 '감정의 토로장'

으로 삼는 사람들은 마치 디오니소스[30]의 추종자들처럼 자기들만의 숲에서 광란의 춤을 춘다. 만약 언젠가 이러한 광기가 실제 세상으로 튀어나온다면 사회는 혼란에 빠질 것이다. 키보드상에서의 집단적 폭력과 개인적 복수가 현실세계의 폭력으로 번진다면 그 결과는 참혹할 뿐 아니라 민주주의의 후퇴를 가져올 것이다. 사이버 공간의 집단적 광기는 정보화가 민주주의에 주는 해로운 선물 중 하나다. 대중의 지혜와 참여는 느리게 발전하지만 집단적 광기는 빠르게 증가한다. 전자가 후자를 얼마나 빠른 속도로 따라가는가, 과연 추월하고 압도할 수 있는가가 21세기 민주주의의 모습을 결정할 것이다.

■■ 두 주인을 섬길 수는 없다

민주주의와 자본주의는 모두 개인을 중시한다. 사실 역사상 이 두 사상은 함께 협력하여 중세 봉건주의와 전제왕정을 무너뜨리고 현재의 시장민주주의 사회를 만들어냈다. 또한 유력한 경쟁자였던 공산독재까지 무력화시켰다.

하지만 세상에 두 주인은 있을 수 없다. 현대의 다수 국가가 섬기는 이 두 분파는 언젠가 반드시 충돌할 것이다. 개인에게 부여된 머릿수를 세어서 신의 뜻을 알아내는 민주주의와, 화폐의 단위를 세어서 권력을 배분하는 자본주의는 서로 어울리지 않는다. 대중과 돈은

---

30 그리스 신화에 나오는 포도주의 신. 디오니소스 숭배자들은 집단적 입신상태에서 짐승을 찢어 죽이는 의식을 했다고 한다. 이들을 제지하러 나선 테베의 왕 펜테우스는 아들을 멧돼지로 착각한 자신의 어머니 등에게 죽임을 당했다.

함께 왕좌를 차지할 수 없다. 과연 이 둘 중 누가 21세기의 주신(主神)이 될 것인가?

조사의 **종말**

■■ 국가의 쇠락

현재의 흐름으로 보면 돈의 힘이 대중을 지배할 가능성이 좀더 커 보인다. 돈은 빠르고 영악해지는 반면 대중적 지혜의 발전은 너무나 더디다. 더구나 대중은 돈을 섬기면서 자신에게 각종 혜택을 주는 국가를 멸시하기까지 하고 있다.

민주주의의 칼, 국가
평등을 중시하는 민주국가의 역할 중 하나는 분배평등이다. 부유한 사람에게 누진세를 걷어서 가난한 대중에게 국방과 행정 서비스, 복지와 교육을 나누어준다. 부자를 착취하여 대중에게 나누어주는 것이다. 사실 부자들은 국가에서 주는 복지, 의료, 교육 서비스를 필요로 하지 않는다. 더 좋은 서비스를 시장에서 구입할 수 있기 때문이다. 치안 서비스도 마찬가지다. 각종 사설 경비업체들과 보안 시스템을 이용할 수 있다. 하지만 국가는 이들이 이용하지도 않는 서비스에 대한 세금을 부과하고 있다. 왜냐하면 1인 1표의 민주국가에서는 다수 대중이 주인이기 때문이다.

사실 부자와 가난한 사람이 양분되는 현상은 바람직하지 않다. 기회의 평등과 자수성가의 사례가 많아질수록 더욱 그러하다. 빈자와 부자의 양분이 아닌 가난할 때와 부유할 때, 형편이 안 좋을 때와 여유가 있을 때라는 말이 더 어울린다. 근면하게 일하면 누구나 부유하고 여유로운 삶을 살 수 있다는 꿈을 꿀 수 있을 때 사회는 활기차고 사람들은 만족한다. 그렇게 되면 빈부는 계급이 아니라 선택의 문제가 된다. 그리고 세금과 복지정책은 누구나 만날 수 있는 빈궁의 시절을 대비한 일종의 '보험'이 된다.

그러나 문제는 시장의 경쟁이 심할수록 빈부가 개인의 상황이 아닌 계급이 된다는 것이다. 며칠 먼저 태어난 해오라기가 나중에 태어난 형제를 삼키고 먹이를 독차지하듯이 부자는 더욱 부자가 되고 빈자는 더욱 빈자가 되는 것이 시장의 이상한 결과이다. 그래서 민주주의의 주인인 다수는 국가를 통해 시장을 제어한다. 이런 점에서 국가는 대중의 무기이며 민주주의의 칼이다.

국가의 쇠락

그러나 지금 대중은 스스로 국가를 약화시키고 있다. 국가의 오만—저질 행정 서비스와 딱딱한 공무원 등—에 분노하고 부자가 될수록 높아지는 세금 때문에 좌절감을 느끼는 사람들은 국가를 비판하고 있다. 그리고 그 분노는 어느 정도 정당하기도 하다. 또 이러한 불평이 국가를 좀더 겸손하게 만드는 것도 사실이다. 하지만 여기서 조금 더 나가면 위험하다. 투자가치가 높은—효율적이기만 하다면—국가에 세금을 내기를 기피하고 늘 잃기만 하는 주식에 몰두하는 것은 개인적으로는 혹 유리한 선택일지 몰라도 집단적으로는 그렇지 않다.

대중이 자신의 신적 지위를 망각하고 돈을 향해 계속 절을 한다면 국가와 정부는 점차 약화될 수밖에 없다. '시장원리', '규제철폐', '정부의 부당한 간섭 배제', '자율성 보장', '해외자본 유치' 등 언제부터인가 우리가 당연한 진리처럼 받아들이는 말들은 결국 돈의 논리이다. '납세자의 권리'는 '투표자의 권리'와는 다르다. 납세자의 권리가 중요하다는 말은 세금을 더 많이 내는 사람이 더 많은 권리를 가져야 한다는 말이다. 이는 1인 1표의 민주주의와는 자못 다른 것이다. 국가가 자신의 장래를 걱정한다면 세금에 대하여 국민을 설득하는 데 좀더 노력해야 한다.

하지만 이제 이념은 가고 투쟁의 목적도 더 이상 정의가 아니다. 모든 사람이 원하는 것은 결국 돈이다.

그 결과 시장은 인류 역사상 유례 없이 강해지고 있다. 시장이 더 이상 국가와 타협하지 않고 오히려 압도해갈 때 우리가 자랑스러워

하는 국가와 민족은 권위를 잃게 된다. 마치 그리스의 신들처럼 과거의 영화로만 남을 뿐이다. 선거는 더 이상 흥행을 하지 못하고 재테크 강좌에 사람들이 몰린다. 민주주의라는 종교는 신도를 잃고 사람들은 정치나 투표보다는 주식과 배당을 선호한다.

그때 우리의 국가는 더 이상 외세에 의해 망하지는 않을 것이다. 아니 망할 필요가 없다. 대신 늙고 병약해질 것이다. 법 대신 계약이, 경찰 대신 경호업체가, 납세가 아닌 대금의 지불이, 국민이 아닌 주주의 권리가 상식으로 자리 잡는다. 대신 생존권은 별 의미가 없게 될 것이다. 가난한 자의 생존권은 애당초 실체가 없는 이념에 불과하다. 능력이 없는 자의 삶을 누가 책임 진단 말인가?

민주주의와 시장의 균형은 처음부터 어울리지 않는 것이었다. 아무도 두 주인을 섬기지는 못한다.

전제군주제가 무너지고 왕들의 지략과 장수의 용맹이 과거만의 이야기가 돼버린 지 채 몇 세기가 지나지 않았다. 하지만 이제 민주주의의 열정과 강력했던 국가가 사극의 소재로만 남을 날이 다가오고 있다.

■ **조사의 종말**

그때 조사의 미래는 어떻게 될까? 국가가 힘을 잃고 민주주의가 쇠락한다면 현재 우리가 생각하는 여론조사는 존재하지 않을 수도 있다. 여론조사는 민주주의의 신인 여론을 섬기는 예언자이기 때문이다.

대중의 미래는 어떠한가? 사이버 민주주의의 희망인 대중적 지혜와 참여에 대한 기대가 부정적이라면 대중의 미래도 그와 같다고 예측할 수 있다. 투자할 돈과 능력이 있는 사람은 돈을 벌기 바쁘고, 그렇지 못한 사람은 무료 또는 값싸게 누릴 수 있는 인터넷상의 각종 놀이에 몰두할 것이다. 돈에 대해 영악해지고 놀이에는 달인이 될지라도 정치적으로는 무지하고 관심도 없다. 따라서 이들이 이루는 집단적 존재로서의 대중도, 국민도 무기력해진다.

대중이 무력하다면 그 신의 뜻을 알고자 예언자를 찾는 사람도 사라질 것이다. 돈의 관점으로 말하면 관중을 잃은 연극에 투자할 사람은 없다. 하지만 그래도 '미래'란 것은 존재한다. 변화되는 환경에 맞게 도태되고 번성하는 것은 생물만은 아니다. 조사는 나름의 방식으로 진화할 것이다.

■■ 남아 있는 미래 ─ 새로운 종(種)

시장의 힘과 그 이념이 다시 번성함에 따라 먼저 나타난 조사의 변종은 오히려 기존 정치여론조사와 국민여론의 권능을 더욱 확고히 하는 것이었다. '고객 중심주의'와 '경쟁'이라는 두 가지 시장표어가 공공기관에 퍼져나감에 따라 시장과 국가가 뒤범벅된 조사가 생겨났다. 정부고객 만족도 조사, 전화 친절도 조사 등이 그것이다. '시민'을 '고객'으로, '정부'를 '서비스 생산자'로 상정하고 고객인 시민들의 만족도를 측정한다는 뜻이다.

그리고 그 결과를 가지고 부처와 부서의 순위를 매긴다. 순위에 따라 이익과 불이익도 달라진다. 상위기관의 평가에 대비하여 하위기관들이 모의고사적 조사를 연이어 발주하는 현상이 나타나고, 조사회사의 면접원들이 민원인을 가장하여 공공기관에 전화를 걸거나 평가표를 숨기고 관공서에 들락날락하는 등 재미있는 일들이 생겨났다. 조사회사들은 더욱 큰 수익을 올리고 공공분야에서 일하는 사람들은 추가적인 스트레스 요인을 안게 되었다.

그리고 확실히 국가가 좀더 국민에게 순종하게 되었다. 국민과 여론의 힘이 더욱 강화된 것이다.

여기까지라면 얼마나 좋을까? 하지만 한번 시작된 밀물은 꼭 우리가 원하는 선까지만 와서 멈추는 것은 아니다. 그 힘과 시간이 다할 때까지 다가온다. 그리고 우리가 낮 동안 만들어놓았던 모래성을 앗아가버린다. 자본과 시장의 물결도 마찬가지다. 그리고 이때의 조사는 지금과는 아주 다른 모습으로 진화할 것이다.

먼저, 새롭게 번성하는 조사는 새로운 신 '자본', 즉 돈을 위해 봉사하는 조사가 될 것이다. 돈이 가는 곳을 예언해주는 조사, 그래서 그곳에 또 다른 돈이 가도록 인도해주는 조사, 돈이 무엇을 원하는지 알려주는 것이 미래의 조사다. 이때 시민들에겐 '주권자'란 낡은 이름보다는 '소비자'라는 새 이름이 더 어울린다.

'여론' 조사는 도태되고 대신 '소비자' 조사가 번성한다. 이런 유의 조사는 대표자들의 주목도 받지 못할 뿐 아니라 대중의 갈채도, 검증도 받지 못한다. 따라서 지금 여론조사가 누리는 권위 따위는 갖지 못하게 된다. 강직한 조사윤리도 없고 현재의 여론조사보다 더 의뢰인에게 종속된 모습을 갖추게 된다. 때로 어떤 조사기관은 돈

주는 자가 원하는 대로 예언하는 싸구려 점술가(fortuneteller)로 전락하기도 할 것이다. "당신이 만든 광고는 최고입니다!"라고 말이다. 이것이 조사의 미래다.

그리고 또 하나의 미래가 준비되어 있다. 인터넷에서 광란의 춤을 추던 사람들은 이제 인터넷을 배회하며 놀아줄 상대를 찾는다. 이때 조사가 그들의 놀이상대가 될 것이다. 시덥지 않은 질문을 해주고 그 결과를 색색의 도표로 보여주는 '어린이의 친구 폴(Poll the Friend of Kids)'. 그것이 조사의 또 다른 미래다. 스포츠, 연예 그리고 이미 시들어버린 정치도 대상이 될 수 있다. 설문의 객관성과 결과의 공정성 같은 것은 이미 관심 밖이다. 섹스를 대상으로 하는 야한 조사도 사람들의 상상력을 자극하고 나름 유용한 정보를 제공할 것이다.

돈을 위한 조사와 놀이로서의 조사, 이 두 가지가 미래에 번성할 새로운 조사의 종(種)들이다. 위에 설명한 '고객 만족도 조사' 등의 과도기적 변종들이 이때도 계속 살아남을 수 있을지는 확신할 수 없다.

■ 다시 처음으로

이 책의 처음에서 말했듯이 인간은 자신을 보호하고 소원을 들어줄 누군가를 찾고자 노력해왔다. 모든 것이 새롭게 변화하는 이 21세기에 이러한 문제를 다시 한번 돌이켜볼 필요가 있다. 지금 도래한 정보화의 물결은 여러 형태로 우리의 미래를 바꾸어놓을 것이기 때문이다. 화석연료가 기계를 돌리고 사람들이 분업으로 일하기 시작한 산업화의 물결은 그 '누군가'를 찾는 우리의 여정에 민주주의와 자본주의라는 두 가지 대안을 내놓았다. 이제 우리는 그 성과에 대해 점검할 필요가 있다. 과연 우리는 '누가 우리를 보호하고 소원을 들어줄 것인가?'에 대한 답을 얻었는가?

겨울꽃처럼 아름답지만 그만큼 드문 인터넷 '개념 글' 속에서 토론 민주주의의 희망을 발견할 수 있을까? 아니면 모두가 이기적이면 자동으로 행복해진다는 시장주의의 표어를 믿어야 할까?

모든 사람이 모든 것을 알고 있어 합리적 선택을 할 수 있다는 시장의 가정[31]은 인간이 이성과 도덕에 기반한 결정을 할 수 있다는 민주주의의 가정만큼 비현실적이다. 나와 당신은 모든 것을 아는 전지(全智)적 존재도 아니고 도덕과 지혜를 갖춘 현자(賢者)도 아니다. 이성과 과학을 통해 행복해질 것이라는 낙관주의와 인간의 이기적 속성을 무시한 공산주의가 실패한 데서 볼 수 있듯이 나와 당신의 절반은 무절제한 감정과 이기적 동기로 채워져 있다.

시장주의와 민주주의의 기초인 자유, 평등 역시 사실 자신을 보호하기 위한 인간의 주장일 뿐이다. 도대체 누가 인류에게 자유와 평등을 부여했다는 말인가? 진화론이 시작의 문제—가장 단순한 물질로부터 모두 진화되어 나왔다면 그 첫 물질은 어떻게 생겼는가?—에 부딪히듯이 자유와 평등 역시 스스로 그 근거를 찾을 수 없다.

---

31 누구나 시장에 대한 모든 정보를 알고 있다는 완전정보, 모든 시장에서 독점과 과점이 없는 완전경쟁의 가정은 시장이 효율적으로 작동하기 위한 조건이다.

민주주의가 그토록 의지하는 천부인권도 역설적이다. 미국 독립선언서는 "……모든 사람은 평등하게 창조되었고, 창조주에 의하여 남에게 양도할 수 없는 권리를 부여받았다……"[32]고 다부지게 선언했지만 결국 인간 권리의 근거를 보이지 않는 신에게 두고 있다.[33] 인간의 오랜 고민은 다시 처음으로 돌아간다. 스스로 무엇인가를 달성하고자 하는 인류의 수세기에 걸친 노력은 다시 처음의 고민으로 회귀한다. 얼마나 많은 사람들의 열정과 분노, 좌절과 성취가 그 수백년의 세월을 적셨는지 모른다. 하지만, 결국 인류의 행복과 미래를 담보할 수 있는 것은 아무것도 없고 과거에도 없었다. 인간은 신이 될 수 없다. 민주주의와 시장의 위태한 균형이 여지껏 인류가 달성한 최상의 것이다.

그래서 불완전한 존재, 그래서 완전한 무엇을 찾는 존재인 '종교적 동물' 인간은 처음의 한계로 다시 돌아가게 된다. 대중의 지혜를 믿는 민주주의도, 돈과 시장의 효율성을 신뢰하는 자본주의도, 일시 반짝일지라도 쉽게 깨지고 변색되는 유리조각일 뿐이다.

그리고 우리가 지금까지 여행한 '여론조사와 표본추출의 나라(Amazing Polland)' 역시 전능하지 못한 인간이 스스로의 마음을 읽어내려고 만든 불완전한 기계장치에 불과하다. 그리고 그 장치는 전능자의 지식에 비하면 마치 식어버린 국처럼 불만족스럽기만 하다.

---

32 "… all men are created equal, that they are endowed by their Creator with certain unalienable Rights …."
33 사실 평등이라는 관념은 인간이 '신의 모습을 따라' 창조되었다는 기독교 사상에 영향받은 바 크다.

누군가는 강변할 것이다. 그래도 옛날보다는 낫지 않느냐고. 셀 수도 없는 사람들의 잴 수도 없는 피가 지난 몇 세기 동안 땅 위에 뿌려졌다. 오늘날 우리가 옛날보다 낫다고 말하는 세상을 만드는 과정에서 죽어가, 오늘의 '좋은' 세상을 누리지도, 알지도 못하는 사람들의 입장에서도 과연 인류는 옳게 행동한 것일까?

더구나 우리를 구해주리라고 믿었던 과거의 영웅들—지혜로운 왕과 용맹한 장수들—이 한낱 향수를 불러일으키는 옛 이야깃거리가 되어버린 것처럼, 지금 불완전한 인간이 하는 그 모든 개인적·집단적 행위들의 최상인 '민주주의와 자본주의의 균형'도 이제 '그 좋던 옛날'이 되어버릴 위험에 처했다.

그래도 누군가는 말할 것이다. 우리는 전진해왔고, 앞으로도 그럴 것이라고. 나도 그렇게 말하고 싶다. 머리로는 동의하지 않더라도 가슴으로는 그 말을 진리로 받아들이고 싶다. 하지만, 과거의 전진과 미래의 발전을 우리 인간의 덕으로만 돌리는 것은 교만이라고도 덧붙이고 싶다.

그렇다면, 우리가 정말 무엇인가를 할 수 있었다면, 그리고 무엇인가 긍정적인 것을 앞으로도 달성할 수 있다면 그것은 무엇 때문일까?

그것은 인류의 의지와 지혜도, 사랑과 열정도 아니다. 인류의 진보는 단순 물질의 우발적 결합으로 생명체가 만들어졌다는 진화론식 우연의 결과이거나, 아니면 실제 어딘가에 존재하며 자신의 의지대로 세상을 이끌어간다는 진짜 신의 뜻이었을 것이다. 그리고 그 신의 손길은 때로 우리가 진보라고 부를 정도로 자비로웠고 때론 우리에게 스스로의 한계를 충분히 느끼게 할 만큼 거칠었다.

주

i   열린당 탈당파 강봉균, 통합민주당 사수에 동조? 2007-07-30, 뷰스앤뷰스 http://viewsnnews.com/

ii   민주신당 대변인실, 〔논평〕한나라당은 남북경제협력사업에 딴지를 걸지말라, 2007-10-8,

http://www.undp.kr/bbs/board.php?bo_table=commentbriefing&wr_id=296

iii   http://search.ytn.co.kr/ytn/view.php?s_mcd=0101&key=2007062110 52587564

iv   http://image.chosun.com/news/2007/20070701.pdf

v   http://www.jejusori.net/news/articleView.html?idxno=32656

vi   〔본지-KSDC 공동여론조사〕무응답층 재질문땐 격차↑, 기사일자: 2007-07-18 4 면 서울신문

http://www.seoul.co.kr/news/newsView.php?id= 20070718004006 참조

vii   http://www.hallailbo.co.kr/

viii   http://image.chosun.com/news/2007/20070701.pdf

ix   http://kr.2007korea.yahoo.com/community/?ac=survey&tac=result6&page =5

x   http://news.khan.co.kr/kh_news/khan_art_view.html?artid=200603131817521&code=910100

xi   http://news.khan.co.kr/kh_news/khan_art_view.html?artid=200602200719121&code=910100

xii   http://article.joins.com/article/article.asp?ctg=1000&Total_ID=2213336

xiii   http://www.pressian.com/scripts/section/article.asp?article_num=60070729152237

xiv   http://www.usatoday.com/news/politics/election2008/2007-08-06-
poll_N.htm?csp=34

xv   문화일보 2007년 11월 28일자 http://www.munhwa.com/news/view.
html?no=2007112801030123029002l&w=nv

xvi   (노무현정몽준 단일화 땐 지지형문항), 중앙일보, http://news.joins.com/
article/aid/2007/08/04/2964396.html

xvii   http://www.hani.co.kr/arti/politics-general/258347.html

xvii   〔박찬구 기자의 정국 View〕 친노와 비노의 컷오프 셈법, 서울신문, 기사일
자 : 2007-08-23 http://www.seoul.co.kr/news/newsView.php?id=2007
0903004010

ihttp://www.hani.co.kr/arti/politics/politics_general/258347.html

xix   〈대선 D-180〉 李.朴 지지율 추이(종합) 연합뉴스 | 기사입력 2007-06-21
16:16

xx   http://www.hrc.co.kr/renewal/notice/bbs_detail.asp?FIELD=&KEY=&
TABLE= notice&PAGE=1&NUM=180&CMD=view

xxi   http://www.hankyung.com/news/app/newsview.php?aid=
2007101814581&sid=&nid=210

xxii   http://www.hankyung.com/news/app/newsview.php?aid=
2007101789071&sid=&nid

xxiii   http://news.mk.co.kr/newsRead.php?year=2007&no=611050

xxiv   http://www.ytn.co.kr/_ln/0101_200712222322010121

xxv   『1퍼센트의 승부: MBC 선거방송』, 문화방송, 1999, p.253

xxvi   http://news.kbs.co.kr/news.php?kind=c&id=873380

xxvii   http://news.chosun.com/site/data/html_dir/2007/07/02/2007070
200056.html

xxviii   http://viewsnnews.com/

xxix   인터넷 폴의 특징 및 장점에 대해서는 황온중, 『인터넷 여론조사 들여다보
기』, 한누리미디어, 2004, pp.74~110

xxx   황온중, 앞의 책, pp.147~155

xxxi   http://news.naver.com/hotissue/poll.php?cmd=list&section=&search

= %B0%B3%C7%E5

xxxii   http://www.nec.go.kr/sinfo/index.html

xxxiii   http://www.nec.go.kr/report/report/index.html?id = b12&mode =
view&idx = 24906

xxxiv   http://news.naver.com/hotissue/poll.php?cmd = list&section = &search =
%B1%E2%BB%E7%BC%DB%B0%ED%BD%C7

xxxv   http://kr.news.yahoo.com/nuriwl/poll/result.html?list_id = 11&poll_id
= 25632

xxxvi   http://club.hankooki.com/talkbox/poll/poll_list.php?poll_code = 10&
start = 45

xxxvii   http://news.naver.com/hotissue/poll.php?cmd = list & section = &
search = % C0%FC%BF%A9%BF%C

찾아보기

여론 조사의 비밀

1판 1쇄 펴냄 2008년 4월 21일
1판 2쇄 펴냄 2009년 9월 30일

지은이 유우종

주간 김현숙
편집 변효현, 김주희
디자인 이현정, 전미혜
영업 백국현, 도진호
관리 김옥연

펴낸곳 궁리출판
펴낸이 이갑수

등록 1999. 3. 29. 제300-2004-162호
주소 110-043 서울특별시 종로구 통인동 31-4 우남빌딩 2층
전화 02-734-6591~3
팩스 02-734-6554
E-mail kungree@kungree.com
홈페이지 www.kungree.com

ISBN 978-89-5820-125-0   03300

값 12,000원